Tirso de Molina

La dama del olivar

Barcelona **2024**
Linkgua-ediciones.com

Créditos

Título original: La dama del olivar.

© 2024, Red ediciones S.L.

e-mail: info@Linkgua-ediciones.com

Diseño de cubierta: Michel Mallard.

ISBN tapa dura: 978-84-1126-260-6.
ISBN rústica: 978-84-9816-507-4.
ISBN ebook: 978-84-9953-780-1.

Sumario

Brevísima presentación

Tirso de Molina (Madrid, 1583-Almazán, Soria, 1648). España.
Se dice que era hijo bastardo del duque de Osuna, pero otros lo niegan. Se sabe poco de su vida hasta su ingreso como novicio en la Orden mercedaria, en 1600, y su profesión al año siguiente en Guadalajara. Parece que había escrito comedias y por entonces viajó por Galicia y Portugal. En 1614 sufrió su primer destierro de la corte por sus sátiras contra la nobleza. Dos años más tarde fue enviado a la Hispaniola (actual República Dominicana) y regresó en 1618. Su vocación artística y su actitud contraria a los cenáculos culteranos no facilitó sus relaciones con las autoridades. En 1625, el Concejo de Castilla lo amonestó por escribir comedias y le prohibió volver a hacerlo bajo amenaza de excomunión. Desde entonces solo escribió tres nuevas piezas y consagró el resto de su vida a las tareas de la orden.

Personajes

Don Gastón, caballero
Don Guillén, Comendador de Santiago
Niso, pastor viejo
Corbato, pastor
Nuestra Señora la Virgen María
Roberto, bandolero
Doña Petronila
Gallardo
Maroto, pastor
Ardenio, pastor
Montano, pastor
Laurencia, pastora
Marbelio, bandolero
Lirano, bandolero

Jornada primera

(Salen Niso, pastor viejo, Maroto, Corbato, Ardenio, Montano, y labradores.)

Niso   ¡Brava fiesta!

Corbato   Y la señora
por quien se hizo, hermosa y mansa.

Montano   Quien en servirla se cansa
lo mucho que pierde ignora.

Ardenio   ¡Buen mayordomo!

Niso   Y devoto.

Montano   Pastor que el ganado deja
por tan blanca y pura oveja,
dichoso él.

Niso   En fin, Maroto,
vos habéis dejado el cargo
con honra y fama.

Maroto   Y vendrá
otro que me sacará
de la puja rico y largo.

Niso   ¡Qué buena estaba la igreja!

Maroto   Como pude la compuse;
claveles en ella puse
desde el altar a la reja.
    Verbena, espadaña y juncia

por el suelo derramé;
agua de trébol eché
en las pilas.

Ardenio   Bien anuncia
           vuesa mucha devoción
la que en el alma encubrís.

Niso   Galán, Maroto, venís.

Maroto   Yo saco en la procesión
              todas las galas que tengo.
El más pobre de Estercuel
soy.

Corbato   Y el más devoto de él.

Montano   Alegre en extremo vengo
              de haber visto cuán compuestas
las calles de nuestra aldea
estaban.

Maroto   Toda desea
her a nuestra Virgen fiestas.

Montano   ¡Qué de pinos que plantaron
por ellas! Y las mujeres
con qué gustos y praceres
que las ramas adornaron
      con sus basquiñas de grana.

Corbato   No dejaron paramento,
cual si huera el monumento,
cortina o red aldeana

que en las puertas y paredes
no colgasen.

Niso

Pescarán
si en el mar del mundo están,
el cielo con tales redes.

Ardenio

Pues a falta de pastillas
no faltó incienso y espliego
y aun estoraque, que el huego
no quemase en escodillas,
que por las calles a trechos
daban gusto y devoción.

Maroto

¡Oh, qué incienso es la oración,
y qué grandes sus provechos!

Niso

La fiesta, en fin, de septiembre
en que nació nuesa estrella,
ha estado extremada y bella.

Maroto

El labrador are y siembre
los granos que el hielo cubre
y restituye en agosto.
Llene las cubas de mosto;
coja la fruta en Octubre.
Compre y venda el mercader
en las herias y mercados,
traten de armas los soldados,
vista galas la mujer.
Los sabios estudien leyes,
tienten pulsos los dolores,
dense placer los señores
y ganen tierra los reyes.

Mientras yo apaciento el hato
donde el manso me conoce,
el corderillo retoce
y se encarame el chivato.
    Que más precio los halagos
con que el mastín me hace fiestas,
la leche en tarro, las fiestas
que dan el deleite a tragos;
    a la noche en casa la olla,
y al amanecer las migas,
que de los ajos amigas,
son deudos de la cebolla;
    y tras ellas una misa
al alba en que el sacristén
dice cantando el amén
sobre el sayo la camisa,
    que cuanta riqueza guarda
el avaro.

Montano   A eso me acoto.

Corbato   Venturoso vos, Maroto,
                que el temor no os acobarda
                    del señor, como al privado.

Maroto   Bueno me le ha dado Dios.

Ardenio   Medra su hacienda por vos.

Niso   A buen amo, buen criado.

Maroto   Don Gastón de Bardají,
                noble señor de Estercuel,
                ni es soberbio ni cruel.

Desde que su pan comí
mil mercedes Dios me hace.

Niso   Mucho priva con el reye.

Maroto   Conoce su esfuerzo y leye,
por eso le satisface.
   A conquistar a Valencia
el rey don Jaime partió
y consigo le llevó.

Niso   Tiene en la guerra experiencia.
   Que os hallase me holgaría,
cuando volviese, Maroto,
casado.

Maroto   ¿A mí?

Montano   ¡Juro al soto
que había de her aquel día
   mil locuras de placer!

Maroto   No sabré yo her buen casado.

Niso   Ya que en esto hemos tocado,
hombre que está sin mujer,
   Maroto, no es hombre entero,
pues le falta la mitad.

Maroto   La mitad, ¿cómo?

Niso   Escuchad.
¿De nueso padre primero
   no dice el cura que a Eva

durmiendo un día sacó?

Maroto   De sus huesos la formó.

Niso   ¿Luego la mitad le lleva?

Maroto

No me casaré, aunque pueda,
con mujer que en eso da,
que al hombre le quitará
la otra mitad que le queda.
   Y a fe que es cosa inhumana
que, formándose de un hueso
tan firme, tan duro y tieso,
la mujer sea tan liviana.
   Dadla a la buena ventura;
que es, al fin, la más hermosa,
si de carne, peligrosa;
y si de hueso, muy dura.

Ardenio   No decís mal.

Maroto

       Y aun por eso
las mujeres, Niso, son
de tan mala digestión:
que no se digiere el hueso.

Niso

   Pues mi Laurencia no es tal,
ni en liviana o dura peca,
que en lo amoroso es manteca
y en lo honrado pedernal.
   No hay en Aragón mujer
que mijor os pueda estar,
y si os la vengo a pintar
yo sé que la heis de querer.

14

Sus años verdes y en flor,
y su hermosura en la aldea,
no hay borrico que la vea
que no rebuzne de amor.

Es de una imagen su cara.
¿Con qué la lava? Dirás
con lleve el diablo lo más
que un caldero de agua clara.

Los cabellos, no dirán,
son que al Sol causan vergüenza,
y cuando en cola los trenza
en las rodillas la dan.

La frente bruñida y lisa,
las cejas son de amor arcos,
los ojos, si no son zarcos,
provocan a amor y a risa.

Pues los carrillos, no hay mozo
que no cante al descobrillos:
«Más valen vuesos carrillos
que el carrillo de mi pozo.»

De las narices no pocos
han dicho: «Alegre estuviera,
Laurencia, si amor me hiciera
de vuesas narices mocos».

¿Pues qué la boca? Aunque pasa
de raya, limpia y risueña;
que no es bien que sea pequeña
la portada de la casa.

Los dientes altos y bajos,
en hilera y procesión,
piñones mondados son,
a lo menos dientes de ajos.

¿Qué diré de los hocicos?
Son que amapolas parecen

cuando entre los trigos crecen.
Pues los dos hoyuelos chicos
   que hace en riéndose, el cielo,
a tener allá su cara,
en ellos cro que jugara
con el Amor al hoyuelo.
   Pues la barba, ¿qué otra cría
más abajo de cristal?
Con ella el mejor zagal
barba a barba la abriría.
   Las tetas son naterones
y los corpiños encellas,
que mamara Amor en ellas
a no, encubrir los pezones.
   Las manos, que nunca adoba,
más brancas fueran que el pecho,
a no haberlas callos hecho
ya el cedazo, ya la escoba.
   La cintura puede entrar

(Señala los dedos.)   aquí, y si amor navegara
mejor su estrecho pasara
—¡pardiez!— que el de Gibraltar.
   Pues aquella redondez,
monte de nieve y cristal,
rodará encima el brial
por ella Amor cada vez.
   Pues las piernas, si en el río
lava, porque el cristal borre,
corrido de verlas corre
más aprisa y con más brío.
   Los pies calzan once puntos,
cuando la aprieta el botín;
mas sea ella honrada, en fin,
que no miraréis en puntos.

    Pintada os la tengo toda,
puesto que mal y en bosquejo,
lo demás allá os lo dejo
para el día de la boda.

Maroto
    No del todo me despido
de daros, Niso, placer,
que, en fin, la buena mujer
suele hacer bueno al marido;
    pero venga mi señor,
que lo que ha de ser dirá.

Niso
Rico dote se os dará,
que aunque es mi hija la menor,
    por verla con vos casada,
vos prometo dar, Maroto,
un pedazo de este soto
y media fanega arada
    de tierra, catorce ovejas
y seis cabras con el perro,
la barrosa y el becerro,
una casa con sus tejas
    que no de techo pajizo,
una cama con su ajuar,
un San Miguel, que pintar
en una sábana hizo
    mi abuela, que Dios perdone,
y dos calderas también
con su cuchar y sartén
que rojas las migas pone.

(Sale un Criado.)

Maroto
Todo es bueno, y lo mejor,

ser Laurencia vuestra hija.

Criado   El puebro se regocija
            porque viene mi señor
              de Valencia y ha dejado
            al buen reye en Zaragoza.

Maroto   No en balde el monte le goza
            y se está riendo el prado,
              que no hay señor que le iguale.

Niso   Bien podéis eso decir.

Criado   ¡Ao! Vámosle a recebir;
            pero al encuentro mos sale.

(Sale don Gastón, bizarro de camino.)

Gastón   ¡Oh, mis zagales, alcalde,
            Corbato, Ardenio, Maroto!

Niso   Llegad, las manos besalde.

Maroto   No en balde se alegra el soto
            ni está verde el prado en balde
              viéndoos, señor, con salud
            en vuesa tierra y vasallos.

Gastón   Huélgome con su quietud,
            que no puedo deseallos
            mejores.

Niso   Por su virtud.

Maroto	¿Cómo venís de la guerra, buen señor?
Gastón	Gracias a Dios vitorioso.
Maroto	Nuesa tierra estaba triste sin vos
Gastón	Es, en fin, mi estado y tierra.
Maroto	El ganado que apaciento, y por ser vuestro es dichoso, sin vos dejara el sustento. El cordero temeroso, que da los brincos a ciento, balaba por don Gastón; las ovejas os llamaban; y con ronco y triste son, por suspirar, rebuznaban los borricos, con perdón. Secábase el prado ameno, donde el hato flores pace, de luto y tristeza lleno, porque todo este mal hace la ausencia de un señor bueno.
Gastón	Debéisme esa voluntad.
Niso	¿Qué ha habido de guerra?
Gastón	Queda conquistada la ciudad de Valencia, donde pueda

renacer la cristiandad
  que el mahomético profeta
desterró por tantos años.
Borró de ella el rey su seta
llena de vicios y engaños.
Ya queda segura y quieta,
  su mezquita consagrada,
sus cautivos redimidos,
su soberbia derribada
y con blasones debidos
eternizando su espada,
  el rey don Jaime glorioso,
tan agradecido al cielo,
que, devoto y generoso,
premió con divino celo
al estado religioso
  fundando cuatro conventos
en ella.

Maroto   ¡Gran cristiandad!

Gastón   Honró Dios los pensamientos
de su liberalidad
con milagrosos portentos;
  porque cerca de Valencia,
al tiempo de conquistalla,
para mayor evidencia
de su amor, nuestro rey halla,
animando su presencia,
  un retrato de aquel Sol
que, abrasando a Dios de amores,
le vistió de su arrebol,
un ramillete de flores,
gloria del suelo español;

un tanto monta del día;
una suma del jardín
que a Dios se aposenta y cría;
un cielo en el suelo; en fin,
una imagen de María,
   que en medio de aquella sierra
el godo escondió del moro
y en sus entrañas encierra
aquel divino tesoro,
feliz paz de nuestra guerra,
   desde que el campo asentó
en su sitio el santo rey;
Salomón que a Aragón dio,
por defensa de su ley,
el que por ella murió.
   Cada noche aparecía
un resplandor soberano
sobre el monte que escondía
a la que a Dios hizo humano,
que al Sol competencia hacía.
   Música alegre sonaba,
dando tal gusto el oílla,
que la devoción juzgaba
ser de ángeles la capilla
y su autor quien la entonaba.
   Determinóse de ver
el rey el misterio oculto
que allí se podía esconder,
y con religioso culto
el primero quiso ser
   que, con la azada villana,
para que todos trabajen,
cavase.

Maroto	¡Fe soberana!
Gastón	Y hallando una hermosa imagen debajo de una campana, alegre con tal tesoro dio su vitoria por cierta.
Maroto	De placer devoto lloro.

Gastón	Con los obispos concierta
	para que esté con decoro,
	   que un monasterio real
	allí mismo se edifique
	a su devoción igual,
	y que a la Merced se aplique
	y se dé a su general
	   fray Pedro Nolasco, piedra
	sobre quien Dios edifica
	la orden que por él medra,
	con el cuarto voto rica
	de la caridad, que es hiedra
	   que a Dios alcanzan sus ramas.
	Orden de tantos favores,
	que, eternizando las famas
	de sus hijos redentores,
	los Fénix son de sus llamas.
	   Fue el santo rey fundador
	de la orden militar
	dándola ser y favor,
	con que se quiso llamar,
	como Dios, rey redentor.
	   Y, en fin, como era su hechura
	y de su celo heredera,
	darle la imagen procura

de la que es de Dios esfera
y cifra de su hermosura.
   Labró, en fin, en su montaña
el templo, y hasta él con fiesta
la coloca y la acompaña.
La imagen del Puche es ésta
que ha de ennoblecer a España;
   de que vengo tan devoto
y envidioso, que quisiera,
a merecerlo, Maroto,
que de mi estado heredera
viniera a ser.

Maroto   ¡Qué buen voto!
   Dome a Dios, mi buen señor,
que es como suya esa fe,
y que me muero de amor
por ella, después que sé
tan milagroso favor.
   Pero no se desconsuele;
sirva y pretenda tal dama.
Róndela, aunque se desvele,
que a la casa de quien la ama
venirse de asiento suele.
   Soltero es, no hay tal esposa
como la virgen María,
que es discreta y es hermosa,
no pasa por ella día
ni es en las galas costosa,
   que el Sol de vestirla trata
con cintas de resplandores,
de estrellas sus trenzas ata,
chapines trae de valores
con sus virillas de prata,

pues los adorna la Luna;
dote suyo son los cielos,
do no hay temer la fortuna,
y, en fin, no le dará celos,
que es lo que más importuna.

Gastón   ¡Oh, qué buen casamentero,
Maroto, sabéis hacer!

Niso   Pues sabed, señor, que quiero
helle novio con mujer
que vos aprobéis primero.

Ardenio   Al menos de nuesos votos
lo que esto le importa sabe.

Maroto   De lo ajeno manirrotos
sois.

Niso   No es bien que en vos se acabe
la casta de los Marotos.

Gastón   Y vos ¿qué decís a esto?

Maroto   Que el casarse no es delito,
y aunque es el estado honesto
mijor, a vos me remito,
en quien tengo el gusto puesto.

Gastón   Pues si está en mi parecer,
vamos agora a palacio,
que hay mucho en esto que hacer,
y ha de mirarse despacio
esto de tomar mujer.

(Vanse. Salen don Guillén con hábito de Santiago, y Laurencia, como que ha cernido.)

Laurencia   Déjeme cerner mi harina.

Guillén   Laurencia hermosa, cerned
pensamientos de mi amor,
porque la harina apuréis
de esperanzas candeales
que con el agua amaséis
de mis ojos, y cozáis
en el horno de mi fe.
Celos serán levadura,
tan agria cuanto cruel,
que os dará pan blanco y tierno.

Laurencia   No le como si trechel.
Mire que he de amasar hoy,
vaya con Dios su mercé
y a las bobas diga amores,
porque yo ya sé quién es,

Guillén   ¿Quién soy?

Laurencia   Amante común
que enamora cuántas ve,
mesón que todo lo acoge,
fuente que da de beber
a gente de toda broza,
prado concejil en quien
pacen de comunidad
hierba que mata después.
Yo no tengo más de un alma,

	solo un dueño ha de tener,
	que con una voluntad
	a una sola quiera bien.

Guillén

Sola vos sois, Sol hermoso,
en quien me siento encender,
fénix sola en hermosura.

Laurencia

Vaya, señor don Guillén,
y venda esos morrimullos
a Constanza y a Isabel,
burladas de sus promesas
como Polonia e Inés,
y perdone que me vo
porque hay mucho que cerner.

Guillén

Aguardad un poco.

Laurencia

              Mire...

Guillén

¿Qué?

Laurencia

        Que le enharinaré.

Guillén

Yo sé cuándo menos dura
me escuchábades.

Laurencia

            Cerré
las orejas con candados.

Guillén

Pues ¿por qué es tanto desdén?

Laurencia

Porque tiene el corazón
muy ancho y caben en él

a gruesas, como botones,
las pastoras que mantién.
Caballero es de Aragón,
sobre su pecho se ve
la cruz que de Montalbán
le encomendó nuesa fe.
Pero ¿qué importa que traiga,
mostrando que es hombre fiel,
a los pechos la cruz roja
si en ell alma el diablo tien?
Los que son comendadores
y caballeros como él
damas sirven de palacio
con estrado y con dosel.
Deje villanas groseras
de sayal y de buriel,
que no es bien coma truchuela
quien truchas puede comer.

Guillén   En fin, ¿ya me despedís?
                 En fin, ¿ya no me queréis?

Laurencia   No, que da mal fin a todas
                 y un mal fin es de temer.

Guillén   Escuchadme una palabra.

Laurencia   Ya le he oído más de diez
                 y no quiero escuchar once.

Guillén   Acabad.

Laurencia   Apártese.

Guillén	No puedo.
Laurencia	Pues ¡por mi vida!...
Guillén	¿Qué?
Laurencia	Que le enharinaré.
Guillén	Pues en esquiva habéis dado, y vos sola en Estercuel no estimáis mi voluntad, adiós.
Laurencia	¿Luego vase?
Guillén	Pues.
Laurencia	Vaya con la maldición.
Guillén	¿Qué más maldición queréis que partirme y no obligaros?
Laurencia	En fin, ¿se va?
Guillén	¿Qué he de hacer?
Laurencia	Volved acá, caballero. No seáis tan descortés; que los noes al principio son síes en la mujer. No estáis ducho en conocernos, y pues no lo estáis, sabed que las palabras que habramos han de entenderse al revés.

Guillén	Pues ¿qué quieres?
Laurencia	Que no os vais.
Guillén	Pues ¿tiénesme amor?
Laurencia	Sí, a fe.
Guillén	¿Mucho?
Laurencia	Mucho, que es con celos.
Guillén	¿Quién te los causa?
Laurencia	Isabel.
Guillén	Aborrézcola.
Laurencia	Mentides.
Guillén	Mucho sabes.
Laurencia	Mi mal sé.
Guillén	¿Dónde la vi?
Laurencia	En el molino.
Guillén	Yo, ¿cuándo?
Laurencia	Vos, y antiyer.
Guillén	¿Enamorado?

Laurencia	Y perdido.
Guillén	Pues ¿qué la dije?
Laurencia	«Mi bien.»
Guillén	¿Hubo más de aqueso?
Laurencia	¿Pues?
Guillén	¿Qué hubo?
Laurencia	La embracijasteis.
Guillén	¿Eso qué importa?
Laurencia	¡Oh, cruel!
Guillén	¿Pues un abrazo?
Laurencia	Es luchar,
Guillén	¿Para qué?
Laurencia	Para caer.
Guillén	Si tú me quieres...
Laurencia	¿Qué hará?
Guillén	Aborrecerla.
Laurencia	¿Y después?

Guillén	Ser amante tuyo.
Laurencia	¿Y luego?
Guillén	Adorarte a ti.
Laurencia	¡Qué bien!
Guillén	Yo lo juro.
Laurencia	¿De qué modo?
Guillén	Por tus ojos.
Laurencia	Burlas ven.
Guillén	Por el cielo.
Laurencia	Está muy lejos.
Guillén	Por mi fe.
Laurencia	No guarda fe.
Guillén	Por mi vida.
Laurencia	Moriráse.
Guillén	Por esta cruz.

(Pone la mano en la del pecho.)

Laurencia   No la cree.

Guillén	Por Dios.
Laurencia	Es un mal cristiano.
Guillén	Pues ¿por quién quieres?
Laurencia	No sé.
Guillén	Fía en mí.
Laurencia	¿Sobre qué prendas?
Guillén	Sobre el alma.
Laurencia	Iráseme.
Guillén	¿No es prenda segura?
Laurencia	No.
Guillén	¿Por qué?
Laurencia	Por que no se ve.
Guillén	¿Quieres otra?
Laurencia	Como fuere.
Guillén	Mis brazos.
Laurencia	Arrédiese.
Guillén	¿Qué recelas?

| Laurencia | Que he cernido... |

| Guillén | ¿Pues? |

| Laurencia | Y le enharinaré. |

Guillén

Echemos cosas a un lado,
Laurencia, de Amor laurel,
de quien es mi amor Apolo,
aunque más dichoso que él.
Un mes ha que estoy perdido
por ti, juzgando este mes
por siglos de dilaciones,
propiedad del bien querer.
Yo he sabido que tu padre,
de mi amor padrastro infiel,
casándote darme intenta
con celos muerte cruel.
¿Será, pues, razón, serrana,
que esperanzas que sembré
goce un tosco labrador
de quien esposa has de ser?
¿Que un rústico sea hortelano,
que coja de tu verjel
la flor primera debida
a la imagen de mi fe?
Primero que tal consienta
he de abrasar a Estercuel,
y en venganza de mis celos
Nerón seré aragonés.

Laurencia

Pues ¿qué queréis que yo haga?

Guillén	Que esta noche entrada des a atrevimientos de amor que facilita el querer. Por las tapias de tu casa confiado subiré de que desvelada esperas, en tu huerta, y si una vez las primicias de tus gustos gozo, en bronce escribiré obligaciones que al tiempo jamás pueda deshacer. ¿Qué respondes?

Laurencia   Que no vengas.

Guillén   ¿No, dices? Si te he de creer,
y el «no» en la mujer es «sí»,
porque habláis siempre al revés,
tu «no» misterioso adoro.
Llega y dame...

Laurencia   Apártese
que está muy limpio.

Guillén   ¿Qué importa?

Laurencia   ¿Qué? Que le enharinaré.

(Vanse. Salen Maroto, Niso, Corbato, Montano, don Gastón y criados.)

Gastón   Maroto, lo que Niso me ha pedido
está puesto en razón, y es justa cosa.
En mis manos habéis comprometido
la elección de casaros provechosa.

Hoy de Laurencia habéis de ser marido,
que es rica, cuerda, honesta y es hermosa,
y Dios le dice a Adán cuando le cría
que el hombre no está bien sin compañía.
　　Cuando a medias se llevan los trabajos
no pesan tanto, y es el yugo leve
de Amor, que hallando alguno estos atajos
a caminar con más valor se atreve;
los altos reyes, los pastores bajos,
para pasar la vida triste y breve,
buscan mujer, en cuyo estado amable
muestran que el hombre es animal sociable.
　　La tortolilla con suspiros quiebra,
viuda, los vientos por el bien que pierde,
y mientras las exequias le celebra
huye del agua clara y roble verde.
Enlaza a su consorte la culebra.
Si la hiedra amorosa al olmo pierde,
da, pálida y marchita, testimonio
de los bienes que causa el matrimonio.
　　Un hombre solo triste vida pasa;
los más breves pesares son prolijos;
casado en paz, la más estrecha casa
es alcázar y corte los cortijos.
Cuando del monte deis la vuelta a casa,
¿hay gloria como, ver los caros hijos
al lado tierno de la madre honesta
que os sale a recibir y os hace fiesta?
　　Esto ha de ser, Maroto; este es mi gusto;
yo, que también casarme determino,
quiero que en este estado santo y justo
abráis a mis intentos el camino.
En buena edad estáis, mozo robusto
sois, y que llevaréis bien imagino

la cruz del matrimonio.

Maroto   El que es prudente
recela de tal cruz ser penitente.
   Pero, en fin, pues vos dais, señor, en eso,
digo que de ella desde aquí me encargo,
aunque tan grande cruz y más de hueso,
en el camino de la vida largo
derribará un gigante con su peso.

Corbato   Cirineos del mundo hay que ese cargo
alivian.

Maroto   Nunca hará en su honra empleos
el marido con tales cirineos.

Gastón   Pues vengo a vuestra casa, Niso hermano,
a tratar esta boda, haced que agora
la desposada salga.

Niso   Noble y llano,
honráis nuestra humildad.

Corbato   Bien os adora
todo Aragón, señor.

Niso   Llamad, Montano,
a Laurencia que, a fuer de labradora,
o rastrilla o jabona, o cierne o cuece
o a su hermanillo mientras hila mece.

(Sale Laurencia.)

Laurencia   ¿Qué es, padre, lo que mandáis?

36

Niso	Que agradezcáis el favor que nueso dueño y señor os hace, hija, y que pongáis la boca humilde en su pata.
Laurencia	¡Oh, mi señor don Gastón, bien venido!
Gastón	Con razón de hermosa Estercuel os trata. Bizarra vasalla tengo en vos.
Niso	¡Oh! pues si viniera lavada, mijor pudiera llamarla hermosa.
Gastón	Yo vengo, Laurencia, aquí, cuando menos a daros marido.
Laurencia	¿A mí?
Gastón	Labradora bella, sí; y en vuestros ojos serenos miro la dicha y ventura de quien os ha de gozar.
Laurencia	Pues ¿cómo me he de casar, señor, si aún no estoy madura? ¡Buenos están los engaños!
Gastón	¿Qué edad tenéis?

Laurencia   Cumpliré,
si al cura hemos de dar fe,
para estas hierbas veinte años.

Gastón   Luego, según vuestra cuenta,
a buen tiempo vengo yo.

Laurencia   Mi madre no se casó,
señor, hasta los cuarenta,
    y tuvo a mucha ventura,
según mi abuela contaba,
que cuando menos cuidaba
la casasen tan criatura.

Gastón   Ya ese tiempo se ha perdido.

Corbato   Y como las que ahora nacen
diz que lo primero que hacen
es decir: «taita, marido».

Gastón   Vuestro padre determina
que con Maroto tengáis
el dueño que deseáis.
Mi hermana ha de ser madrina
    y yo os he de apadrinar.
¿Qué decís?

Laurencia   Tengo vergüenza.

Gastón   Púrpura a salir comienza
vuestro rostro a hermosear.
    Acercaos, Maroto, aquí,
y habladla.

38

Maroto	¿Hablarla qué importa, siendo una boda tan corta que no tiene más de un sí?
Gastón	¿Daisle vos de buena gana?
Niso	Pues ¿no ha de darle si vos lo mandáis?
Corbato	¡Verán los dos qué mudos están!
Gastón	Mañana los desposorios serán. Vestíos, Maroto, de fiesta, que desposada como ésta merece el novio galán. Y quedaos, Laurencia, adiós, que la nueva os ha turbado. [-ado] ¡Envidia llevo a los dos!
Corbato	Cualquiera se la tendrá si su cara llega a ver.
Ardenio	Maroto, buena mujer os han dado.
Maroto	Ella dirá.

(Vanse, quédase sola Laurencia.)

Laurencia	¿Qué es esto, desdicha mía?

¿Cabrán, sí ya tengo dueño,
en corazón tan pequeño
dos huéspedes en un día?
　　Don Guillén es el primero,
y siendo abeja de Amor,
le ofrecí la primer flor,
derechos del jardinero.
　　Es noble y quiérole bien,
pues ¿por qué en tal alboroto
tiene de usurpar Maroto
derechos de don Guillén?
　　Perdonará, pues espera
a don Guillén mi fortuna
y va a avisalle la Luna,
de amantes casamentera.
　　Primero el cántaro llena
aquél que llega primero,
si Maroto vien postrero
Dios se la depare buena.

(Vase. Sale Maroto.)

Maroto　　　　　　　A la fe, mi Dios, que han dado
en que he de tener mujer,
yo soldemente sé her
empleita y guardar ganado.
　　¡Pues meterme a mí en rencilla
con una mujer! El cura
diz que nunca está madura,
porque, al fin, es de costilla.
　　Es hacer que me descarne
para ella y que pierda el seso.
Aun si huera todo hueso
y no cubierto de carne,

no anduvieran diligentes
tantos, hendo en la honra mella
porque temieran mordella
por no quebrarse los dientes...
   Yo no tengo si el rosario
con quien en tales afrentas
me aconseje y haga cuentas,
que es el mejor secretario.
   Ahora bien, rezarle quiero
que si ayuda a todos da,
lo mijor me endilgará,
que es divino consejero.
   ¿Yo cautivarme en un día?
¿Hay cosa más importuna
que un muchacho en una cuna
cuando llora? ¡Ave María!

(Reja paseándose.)   «Virgen, la esposa más buena
érades para mí vos;
dígalo el ángel de Dios,
pues vos llamó gratia plena.
   Mas cautivar mis praceres,
pues nadie en toda la vida
halló mujer que no pida
entre todas las mujeres.
   ¿No es disparate, Jesú?
Esto a enloquecerme basta;
aunque si eres mujer casta,
Laurencia, bendita tú.
   Que si libre de delito
da de su honor testimonio
al hombre en el matrimonio
regocijado y bendito.
   Mas ¿qué esposo habrá que encuentre

mujer a quien si quillotro
la diga mío y no de otro
es el fruto de tu vientre?

¿Casamientos ahora?, ¡Sús!
Dejadme, que pierdo el seso.
¿Yo en casa con sobrehueso
estando sano? ¡Jesús!

¿Yo riñendo cada día
a quien sin tomar consejos
como sea a la más lejos
va a misa a Santa María?

Pues que me encomiendo a vos,
si no soy para casado,
de tan peligroso estado
libradame, madre de Dios.

Santos, pues estáis vosotros
en el eterno placer,
libres de toda mujer
y en paz, rogad por nosotros.

Maridos, si de estos modos
son las mujeres, tened
mucha paciencia y sabed
que rezo por mí y por todos.

Pues si por quitar temores
las mujeres no nacieran,
muchos más los santos fueran
y menos los pecadores.

El alma su prisión llora.
¿Hay más riguroso paso,
pues si que agora me caso
me han de cautivar agora?

Porque el trance que hay más fuerte
y que más puede temblarse
es al tiempo de casarse

y en la hora de nuestra muerte.
            Haga a los solteros bien,
Dios, guardando sus sentidos,
dé paciencia a los maridos
y digan todos Amén.»

(Salen don Guillén y Gallardo.)

Guillén   Gallardo, si mi Laurencia
                           aguarda cual prometió,
                           Amor posesión me dio
                           de la más bella presencia
                               que celebra su deidad.

Gallardo   ¿Qué diablos hiperbolizas
                           y hermosura solenizas?

Guillén   Pues ¿aquesto no es verdad?

Gallardo   No, por cierto, con perdón.
                           ¿Es más de una labradora
                           que estará cerniendo agora
                           y quizá cantando al son
                               que hace con el cedazo
                           «A las tres ánades, madre»,
                           mientras que duerme su padre,
                           que es el mayor villanazo
                               que tiene todo Estercuel?

Guillén   Laurencia es un Sol, un cielo.

Gallardo   Que has de enloquecer recelo.
                           ¡Miren qué Dafne en laurel,
                               qué Leucote vuelta incienso,

o que Clicie en girasol!
¡Par Dios, si Laurencia es Sol,
que es muy puerco el Sol!

Guillén   No pienso
          que estás en ti, si eso dices.
          ¡Oh, quién verla ya pudiera!
          ¡Oh, quién la hablara! ¡Quién fuera...!

Gallardo   Di, moco de sus narices.

Guillén   ¡Quién sus manos o cristales...

Gallardo   ¿Besallas?

Guillén   Sí.

Gallardo   Buen galán
          besa, que quizá estarán
          lavando agora pañales.
             ¿Es posible, di, señor,
          que un caballero estimado,
          a quien mil damas han dado
          más fama que a Galaor,
             con esa flemaza agora
          el sayal grosero ensalza,
          tú, que los puntos que calza
          la más guardada señora
             sabes, botines deseas?

Guillén   Gallardo, ya estoy cansado
          de tanta seda y brocado.
          Las más graves son más feas.
             Hermosura que en la tienda

se vende, ¿quién la ha de amar?

Gallardo   Si el afeite es rejalgar
Bercebú que las pretenda.
    Tu opinión sigo en cuanto eso,
que caras de solimán
la muerte a un hombre darán,
como píldora en un beso
    por no venderla, de balde.
Hermosuras de retazos
de sastre, hechas a pedazos
de color y de albayalde,
    con que jalbegan las casas,
como pared de mesón,
caras como colación,
cargadas de miel y pasas.

Guillén   Y miel virgen.

Gallardo   Es verdad,
con que engañarnos pretenden,
porque todas ellas venden
postiza la puridad.
    No hay tienda si vas a ella,
porque este discurso sigas,
que en cintas, bandas o ligas
no halles carne de doncella.
    Y pues en cintas las pinta
el interés, no me engaño
cuando sospeche que hogaño
se usan doncellas en cinta.

Guillén   ¿Luego yo discreto soy
en buscar sin compostura

la natural hermosura
de Laurencia?

Gallardo   Amigo soy
de amor que huele a tomillo,
y más tomillo salsero,
que es carne con sal y quiero
bien este trato sencillo;
pero no has de encarecerlo
con tanta exageración,
que es plato de salpicón,
aunque sabroso al comerlo,
que después huele a cebolla;
mas dirás que es polla bella
y que por eso con ella
quieres jugar a la polla.

Maroto (Aparte.)   (Maroto, ¿no escucháis esto?
Andaos a caza de bodas.)

Guillén   Estas labradoras todas,
por lo simple y por lo honesto,
me enamoran. ¡Si saliese
y la seña hiciese ya!

Maroto (Aparte.)   (¿Señas le ha de hacer? ¡Verá!
¡Oh, qué mal agüero es ése!)

Guillén   La gente de casa, Amor,
¿por qué no la habéis dormido?

Gallardo   Sobre la tapia ha salido
tu labradora, señor.

(Sale arriba Laurencia.)

Guillén   Sí, que la Luna salió
                             a enseñarme su presencia.

Maroto (Aparte.)   (Trepadora sois, Laurencia;
                             no os llevo a mi casa yo.)

Laurencia   ¡Ce! ¿es Don Guillén?

Maroto (Aparte.)   (¿Por la ce
                             comenzáis, sin ser casada?
                             Labradora sois letrada;
                             ya llegáis al A B C.
                                Pues bien sé yo, aunque villano,
                             que si llegáis a la D,
                             por más riqueza que os dé,
                             que no heis de darme la mano.)

Guillén   Yo soy quien en vos viviendo,
                             y sin vos muriendo en mí,
                             por la vida vengo aquí
                             que me usurpáis.

Laurencia   Yo no entiendo
                                aquesas algarabías;
                             pero lo que os sé decir
                             que aún no se ha echado a dormir
                             mi padre.

Guillén   Desdichas mías
                             le despiertan.

Laurencia   Hablad paso

y volved mañana acá;
mas no, que en vano será,
porque mañana me caso.

Maroto (Aparte.)   (No conmigo, si yo puedo.)

Guillén   ¿Que os casáis? ¿Cómo o con quién?

Laurencia   Con Maroto, don Guillén.

Guillén   ¡Ay, cielos!

Laurencia   Sospirad quedo.

Guillén   Daré yo muerte a Maroto.

Maroto (Aparte.)   (¿Qué más muerte que casarme?)

Guillén   ¿Luego podréis olvidarme
el nudo de mi amor roto?

Laurencia   Mandólo nueso señor
don Gastón de Bardají.

Guillén   ¿Y habéis vos ya dado el sí?

Laurencia   Más por fuerza que de amor.

Maroto (Aparte.)   (Yo os le suelto desde agora.)

Guillén   Pues, Laurencia, aunque se abrase
el lugar, antes que os case
lográrá quien os adora
la posesión deseada

que merece mi afición.

Maroto (Aparte.)   (¿Y después como melón
                    dármela a mí decentada?
                    ¡Malos años para vos!)

Laurencia   Ahora bien, desde aquí a una hora
                    volved, que es temprano agora,
                    y quedad, señor, con Dios.

Guillén   Dadme una mano primero.

Maroto (Aparte.)   (De azotes la merecía.
                    ¿Hay tan gran bellaquería?)

Laurencia   No tien la tapia agujero
                        por donde darla, y está
                    tan alta, que no podréis
                    alcanzarla, si volvéis
                    presto, Amor lo ordenará.

Guillén   El Amor todo lo alcanza,
                    que sabe hacer invenciones.
                    Gallardo, si aquí te pones,
                    podrá subir mi esperanza
                        y alcanzar esta ventura.
                    ¿Oyes?

Gallardo   Durmiéndome estaba.

Guillén   Ponte aquí debajo, acaba.

Gallardo   Pues ¿soy yo cabalgadura?

Guillén	No seas necio ni pesado.
Gallardo	Si subes no lo seas tú.

(Pónese en cuclillas y sobre las espaldas don Guillén, de pies.)

Maroto (Aparte.)	(¿Que aquesto se use? ¡Jesú! ¿El amo sobre el criado? Miren cuál anda ya el mundo, unos sobre otros los vicios.)
Gallardo	Si son cortos los oficios en darte gusto me fundo; pero si van a la larga, desde agora te prevengo que, en pesando, me derriengo, y que me echo con la carga.
Maroto (Aparte.)	(¡Lo que sufre un alcahuete!)
Gallardo	¡A lo que obliga un señor!
Guillén	¡Mi cordera!
Laurencia	¡Mi pastor!
Guillén	¡Mi mayo!
Laurencia	¡Mi ramillete!
Guillén	¿Que os casáis?
Laurencia	Contra mi gusto.

50

Guillén	¿Con un bárbaro?
Laurencia	Un grosero.
Guillén	¿Quién soy yo?
Laurencia	Mi jardinero.
Guillén	Pagadme, pues.
Laurencia	Esto es justo.
Guillén	¿Y con qué?
Laurencia	Con las primicias.
Guillén	¿De vuestro amor?
Laurencia	Claro está.
Guillén	¿Cuándo?
Laurencia	Esta noche será.
Gallardo	¿No ahorraremos de caricias don Guillén? ¡Que me deslomo!
Maroto (Aparte.)	(¿Qué esto sabe una mujer?)
Gallardo	Mas ¿que he de hacerte caer?
Guillén	Soy un pájaro.
Gallardo	De plomo.

Guillén	¡Qué hermosa mano!
Laurencia	Grosera que friega, barre y amasa.
Guillén	Es de nieve.
Maroto (Aparte.)	(¡Y os abrasa!)
Gallardo	Que me matas considera.
Guillén	¿Podré entrar luego?
Laurencia	No sé.
Guillén	Ya el viejo se habrá dormido.
Laurencia	Si vos estáis escondido mientras que voy y lo sé, entrad.
Maroto (Aparte.) (Da gritos.)	(Bellaco va esto. Excusemos un pecado.) ¡Ah de casa; que han entrado ladrones, acudid presto! Niso, Corbato, Montano, mozos, zagales, garzones, que andan ladrones, ¡ladrones!
Laurencia	¡Ay, cielo, vete!
Guillén	¡Oh, villano! ¡Vive Dios, que has de pagarme

el dar a la gente aviso!

Maroto
¡Ladrones, ladrones! Niso,
¡Salid, que quieren matarme!
¡Ladrones!

Gallardo
Huye, señor,
no te conozca esta gente.

(Salen los pastores con chuzos.)

Guillén
¡Que así un bárbaro insolente
haya estorbado mi amor!

Gallardo
Cada cual su hacienda guarda.

Guillén
¿Que aquesto pase por mí?

Gallardo
Yo de burro te serví
pero tú fuiste mi albarda.

(Niso y Ardenio.)

Niso
¿En casa de la josticia
ladrones? ¿Adónde están?

Ardenio
Ténganse al rey los ladrones.

Niso
¡Por Dios, que los he de ahorcar!

Gallardo
Huye, señor, que villanos
ya sabes que en su lugar
son reyes, y que los gallos
cantan en su muladar.

Guillén	¡Que este rústico grosero
	de mi suerte fuese azar
	que esta ocasión me impidiese!
	Mas él me lo pagará.

(Vanse don Guillén y Gallardo. Sale don Gastón.)

Gastón	¿Qué alboroto es éste, Niso?

Maroto	¡Oh, señor! Vino a robar
	un ladrón aquí una joya
	de Laurencia.

Gastón	¿Cómo?

Maroto	Y tal,
	que si una vez se la quitan,
	aunque la percuren más,
	ojos que la vieron ir
	a vella no volverán.

Niso	¿Mas si fuese la patena
	con la sarta de coral?

Maroto	Patena y corales son
	dignos, Niso, de estimar.
	Y si arrancan la patena,
	la sarta se quebrará,
	derramando los corales
	que asidos con ella van.
	Este negro casamiento,
	si va a decir la verdad,
	me trae sin seso ni gusto

desde esta mañana acá.
Como el hombre que se vela,
su mujer ha de velar,
en fe que es vela el honor
que el fuego suele quemar,
a velar vine a estas puertas
más celoso que galán,
que un marido es como un muerto,
pues le velan como a tal.
De temores y sospechas
cansado, que poco va
de estar cansado a casado
y más siendo a mi pesar.
¡A la fe que me dormí!
Yo confieso que hice mal,
que honra y sueño pocas
veces se guardaron amistad.
Echéme a aquestos umbrales;
que un marido ha de imitar
al mastín, que cuidadoso
a las puertas tién de estar.
Apenas que me dormí,
cuando comencé a soñar
que Niso me había vendido
un hermoso colmenar.
Yo, que no estaba contento
con la compra, vi llegar
a robarme la miel virgen
dos osos de Montalbán.
Como toda miel se pega,
y sin cera no hay panal,
y la cera junto al huego
por fuerza se ha de quemar,
viendo que se derretía

pretendílo remediar,
pues colmenas sin miel virgen
aun no valen la mitad.
Los celos, que son abejas,
y ya zánganos serán,
a los osos colmeneros
iban locos a picar.
Mas viendo su resistencia
comenzaron a gritar,
que sus voces son susurros:
«¡Ladrones en el lugar!»
Despertéme yo a mí mismo,
y a fe que a no despertar,
que de aquesta pesadilla,
muerte me diera el afán.
Salistes alborotados,
y pues presentes estáis,
sed testigos desde ahora
que no me quiero casar.
Colmenas tan peligrosas
en campos de libertad,
sin más guardas que a sí mismas,
comprarlas es necedad.
Si a una viña ponen cercas,
y la guarda por demás
el lanzón de un viñadero,
pues las hurtan en agraz,
¿qué hará una colmena sola
en el campo, a voluntad
de cualquiera caminante
sino comer y picar?
A lo dulce no hay defensa,
Niso, que aunque en el corral
lo guardéis, hay quien las tapias

de él se atreverá a saltar.
Líbreme Dios de colmenas
con pies, que se subirán
en somo de las paredes
si una vez en ello dan.
Tienen alas las abejas,
y como en corchos están,
pesan poco y vuelan mucho,
pican honras y se van.
No curéis de persuadirme,
que si me ha dado pesar
aun durmiendo una mujer,
despierto, decid, ¿qué hará?
Primero que yo me case,
aunque me lo rueguen más,
torciéndomela cabeza
llevaré la cara atrás.
Esposo entonces seré
cuando de aquel olivar
nazca, en lugar de aceituna,
mi esposa. No hay más que hablar.

(Vase.)

Niso
      Oye, Maroto... ¡Maroto!

Gastón
      Misterio tiene el hablar
mi pastor de esta manera.
Algo ha visto.

Niso
                 Pues se va
y mi hija menosprecia,
vaya con Dios el gañán,
que no es Laurencia mocosa

ni peina canas.

Corbato   ¡Verdad!

Gastón   El casarse, mis amigos,
                ha de ser con voluntad;
                no le forcemos la suya.

Niso   ¿Qué llama, señor, forzar?
                ¿Peina canas mi Laurencia?

Corbato   Que es un simpre.

Niso   Vaya en paz
                y no se case, hasta tanto
                que lleve la cara atrás.

Corbato   ¿Hay tal bruto? Siembre esposas
                aquí, quizás nacerá
                alguna que le enamore,
                cual dice, en este olivar.

                Fin de la primera jornada

Jornada segunda

(Salen don Gastón, doña Petronila, Laurencia y labradores.)

Petronila
Bueno y apacible está
el prado, sentaos aquí.

Gastón
Si vuestro Sol luz le da
en tapetes de tabí
estrados os prevendrá.
En vuestras hebras derrama
su tibia tez la retama,
vuestras mejillas hermosas
dan nuevo ser a las rosas
que Venus adora y ama.
Las maravillas se ven
en vuestros ardientes ojos,
la frente es jazmín también,
en la nariz los despojos
de la azucena están bien.
Si los dientes son azahar
que en grana pudo enlazar
Amor, que nació en verjeles,
muros hizo de claveles
en que se puedan guardar.
Y así el prado con su flor
imita vuestra belleza,
siendo planteles de olor
él de la Naturaleza,
vos, señora, del Amor.

Petronila
Favores de vuestra mano,
¿a quién no enriquecerán?
Si por venir con vos gano

las ternezas de galán
y los regalos de hermano.
    Basta, señor don Gastón,
que por no dar ocasión
a que el alma se divierta,
tenéis tomada la puerta
a toda imaginación. Como
    hermano me guardáis,
como galán me servís,
como esposo regaláis,
y a serlo todo venís,
pues que con todo os alzáis.

Gastón

    No tanto, mi Petronila,
que no sepa que en el alma
sus flechas Amor afila,
y que el pensamiento en calma
esperanzas recopila.
    Yo sé que tenéis capaz
la voluntad para extremos
del atrevido rapaz,
tanto, que en ella cabemos
otro y yo viviendo en paz.
    Porque en casa semejante,
si él es aposentador,
posada dará bastante
para un hermano el Amor
y también para un amante.

Petronila

    Si ése en el alma ha de entrar,
de vos vendrá acompañado,
pues cuando os quiera hospedar
costumbre es que un convidado
a otro pueda convidar.

Gastón
Como forastero pasa
un rayo, y de paso abrasa,
y es tal don Guillén, por Dios,
que, por quedarse con vos,
temo que me eche de casa.
Aunque si os caso con él,
diré, Petronila mía,
puesto que es trance cruel,
que por vuestra mejoría
dejaré mi casa en él.

Petronila
Eso no, que será poca
voluntad la que mostráis
si a dejarme se provoca,
y para que no salgáis
cerrará el alma la boca.

Gastón
Don Guillén de Montalbán
es mozo, noble, galán,
comendador generoso,
en las paces amoroso
y en las guerras capitán.
Escogíle para vos,
y pienso que agradecéis
la elección que hice en los dos;
mas para que en él penséis
quedaos, bella hermana, adiós.
Que apacible compañía
os dejo, y yo, como suelo,
por ser inclinación mía,
de aves que mate al vuelo
volver cargado querría.

(Vase don Gastón.)

Petronila   Pues Laurencia ¿en qué se entiende?

Laurencia   Nunca falta, mi señora,
a la gente labradora
en qué, y más la que pretende
casarse y se le despinta.

Petronila   ¿Echastes hogaño gansos?

Laurencia   Veinte hay que gordos y mansos
la nieve en ellos se pinta.

Corbato   Dos de esos serán del cura.

Laurencia   ¿Diezma en todo?

Corbato   Como lleva
en toda cosecha nueva
el diezmo de la verdura,
de los pollos, los lechones,
la fruta, el pan y cebada.
¿No fuera cosa extremada
que diezmara en las quistiones,
los males y calenturas?
¡Mala landre que le tome,
como las maduras come
comiera también las duras!

Petronila   ¡Mal estáis con él!

Corbato   Quisiera
que de diez días que he estado

en la cama desahuciado,
uno al cura le cupiera;
   diez melecinas me echaron
una le vien de derecho.

Niso

Ley fuera ésa de provecho
para el otro que azotaron,
   pues de quinientos tocinos
cincuenta el cura llevara.

Ardenio

Yo sé que a alguien le pesara,
a usarse esos desatinos;
   que nadie quisiera ser
casado en tales porfías,
porque de diez en diez días
le había de dar su mujer.

Corbato

   ¡Plugiera a Dios que él tuviera
tres veces en cada mes
esa carga! Que después,
yo sé que el diezmo perdiera
   de lo demás que le damos,
por no sofrir tanta pena.

Ardenio

¿Hay plomo, hay costal de arena
como aqueste que llevamos
   a cuestas con las mujeres?

Laurencia

¿Y nosotras que sufrimos?
¡Que hechas esclavas vivimos
aguándonos los placeres
   vosotros; de hijos cargadas;
ya callando, ya meciendo,
mil dolores padeciendo,

nueve meses de preñadas,
    siempre con temor y susto
de que el parto nos asombre,
dejándonos cualquier hombre
la pena, y llevando el gusto!

Niso

    No golosmeara Eva
de la manzana el sabor
y pariera sin dolor;
mas si tal trabajo lleva,
    Laurencia, la que se casa,
¿por qué os morís vos por ello?

Laurencia

¿Yo?

Niso

    Vos, pues que por sabello
no hay diabro que os tenga en casa.

Montano

    En fin, ¿no quiso Maroto
desposarse?

Niso

        No es la boda
para él. Solo se acomoda
al ganado, monte y soto.
    Mas ¿qué es esto?

Ardenio

            Don Guillén
viene acá, que como sabe
que estáis aquí, y es tan grave,
al que como él quiere bien
    la ausencia, el estar sin vos
tendrá por tormento extraño.

Laurencia

Todo es mentira y engaño

el hombre. Líbreme Dios
de creer más sus desvelos;
amarme fingió el traidor,
y mudándose su amor
sembró gusto y cogí celos.

(Salen don Guillén, Gallardo y criados.)

Guillén

¡Oh, serranos! A gozar
de vuestra conversación
me ha traído la ocasión.

Niso

Viniéndonos vos a honrar
será apacible esta tarde,
por más que el Sol la molesta.

Guillén

¡Qué mucho abrase la fiesta
el prado, si haciendo alarde
el Sol que flores perfila
con el oro que en él pasa,
otro Sol de amor abrasa,
bella doña Petronila,
en vuestra hermosa presencia!

Petronila

Si como lo decís bien
amáis, señor don Guillén,
dichosa es por excelencia
la que serviros merece.
Sentaos, si gustáis, aquí.

Guillén

Jamás la ocasión perdí
cuando el Amor me la ofrece.
Con vuestro hermano, señora,
he concertado de ser

vuestro esposo, y por tener
mientras se llega esa hora,
en quien el amor que os debo
se ejercite, que no es justo
que ocioso se embote el gusto,
esta serrana me llevo,
ensayaré en su hermosura
la que en vos pienso gozar.

(Cogen don Guillén y Gallardo a Laurencia y llévansela.)

Petronila   ¿Qué es eso?

Todos   ¡Aquí del lugar!

Guillén   El que morir no procura
                      sosiéguese, o —ivive Dios—
                   que le cuelgue de ese roble!

Niso   ¿Pues es ésa hazaña noble?

Guillén   Llevadla vosotros dos
                      a Montalbán.

Laurencia   ¡Ay de mí!

Guillén   Gallardo, aprisa con ella.

Gallardo   No os quejéis, Laurencia bella,
                   que os lleve Gallardo ansí,
                      que también tiro yo gajes
                   de don Guillén y su amor,
                   pues lo que sobra al señor
                   viene a parar en los pajes.

Seréis de su gusto presa
y hartaréisle en breve rato,
gozándoos yo como plato
que levante de la mesa.

(Vanse con ella.)

Petronila   Don Guillén de Montalbán,
respetad, si sois prudente,
el ver que estoy yo presente.

Guillén   El que no fue buen galán
 no puede ser buen marido.
Quien cañas ha de jugar
primero se ha de ensayar.
Solo a ensayarme he venido
 en Laurencia. Si os molesta
la osadía que en mí veis,
consolaos con que seréis
de aqueste ensayo la fiesta.

(Vase don Guillén.)

Niso   ¿Hay tan gran bellaquería?
¿Que esto suframos, serranos?
¿Para qué mos dieron manos
los cielos?

Corbato   No sufriría
 tal afrenta aunque muriese.
Juntemos todo el lugar.

Petronila   A mi hermano id a avisar.
¡Que a mis ojos se atreviese

a tal insulto! ¡Ay Amor,
qué mal me habéis empleado!

Maroto   ¡Todo Estercuel salga armado
y muera aqueste traidor!
    Niso será el capitán,
pues es alcalde.

Niso   Eso intento.
Vos alférez, vos sargento;
abrasaré a Montalbán
    si aquesto adelante pasa.

Todos   Vamos.

Petronila   Y mis desconsuelos
me abrasarán en sus celos
mientras Montalbán se abrasa.

(Vanse los villanos. Sale don Gastón.)

Gastón   ¿Qué alboroto, hermana mía,
es éste? ¿Quién os da enojos
y las perlas de esos ojos
agravia, luz de mi día?
    ¿Dónde mis vasallos van
confusos y alborotados?

Petronila   Van a vengarse afrentados
del señor de Montalbán.
    Confieso que le he querido;
porque como una afición
se funda en la inclinación
y no en consejos, han sido

en vano los que me han dado;
porque aun las travesuras,
por no llamarlas locuras,
que en don Guillén han causado
   común aborrecimiento,
pudieran curar. Mi amor
es loco, y al fin furor
que ciega el entendimiento;
   pero ya el no aborrecerle
fuera, más que amor, locura.

Gastón   Pues ¿qué hizo?

Petronila   ¡Gran ventura
fuera, hermano, no quererle!
   Sin respetar mi presencia
ni el amor que le he tenido,
descortés como atrevido
llevó robada a Laurencia
   con ayuda de criados,
que en la escuela de sus vicios
aprenden estos oficios.
Los pastores agraviados
   han convocado el lugar
para intentar su venganza,
y yo ya sin esperanza
todo lo libro en llorar.

Gastón   ¿Es posible que este loco
a mis vasallos se atreva?
Si a Laurencia, hermana, lleva,
yo haré que la goce poco.
   ¡Vive Dios! Que ha de saber
quién es a quien ha ofendido.

¿Él en mi tierra atrevido?

Petronila   ¿Qué es lo que intentas hacer?

Gastón   Pegar fuego a Montalbán,
                hacerle entender así
                que es don Gastón Bardají
                a quien ofende. Hoy verán
                    los que sustenta Aragón,
                ya que mi paciencia instiga,
                de la suerte que castiga
                a don Guillén don Gastón.

Petronila   Hermano, su poco seso
                perdona.

Gastón   ¿No te ha ofendido?

Petronila   Aunque es loco y atrevido,
                que le adoro te confieso.
                    Busca otros medios más sabios.

Gastón   Pagará lo que merece.

Petronila   El amor con celos crece
                y se aumenta con agravios.

(Vanse. Salen don Guillén, Gallardo y Laurencia.)

Guillén   Échala de aquí Gallardo.
                ¡Jesús, y qué mala cosa!
                Juzgábala antes hermosa;
                ya morir, viéndola, aguardo.

Laurencia	¡Traidor! ¿Después de alcanzada de ti soy aborrecida? Huésped vil que la comida no pagas ni la posada. ¿Será de noble esa empresa?
Guillén	Echarla de aquí procura.
(Vase.)	
Gallardo	Siempre echan en la basura los relieves de la mesa. Si sacuden los manteles mándanme que los sacuda. Adiós, que el amor se muda en odio.
Laurencia	¡Rabias crueles me incitan a la venganza!

Gallardo	De todo manjar barato
	un señor, si es tosco el plato,
	un bocado solo alcanza.
	    Yo tengo acción desde agora,
	Laurencia, a tu hermoso talle,
	y así no hay que rehusalle.
	Gallardo, mi bien, te adora.
	    Deja la pena y recelo,
	que el caballo que corrió
	en silla, lo llevo yo
	al pilón y voy en pelo.

Laurencia	¡Grosero desenfrenado! No incites más mi furor,

que puesto que a su señor
es semejante el criado,
    no conoces bien mis bríos.

Gallardo   Estaos, Laurencia, quedita.
Los zapatos que se quita
mi señor son siempre míos;
    y así por mía os acoto;
pues después que os ha calzado
venís a ser del criado,
porque sois zapato roto.
    Sosegaos, Laurencia hermana,
que soy discreto y galán,
y vos, si antes cordobán,
ya zapato de badana.
    Dadme esa mano nevada.

Laurencia   ¡Oh infame!

(Dale.)

Gallardo   ¡Ay, que me mató!
Mano es la que os pido yo,
Laurencia; no manotada.

Laurencia   Presto verá lo que puede
la afrenta en una mujer.
Rayo del mundo he de ser;
no piense el traidor que quede
    sin castigo su desprecio.
¡Vive Dios! Si mi lugar
no me procura vengar,
don Guillén, infame y necio,
    que, pues estoy deshonrada,

mudando el traje y el nombre,
que ha de verme Aragón hombre,
vuelta la rueca en espada,
hacer de mi injuria alarde.
Aunque la rueca mejor
fuera para ti, traidor,
que es insignia de cobarde.
Mas, pues la suerte nos trueca,
será, traidor, desde aquí
la espada el adorno en mí,
y en ti, villano, la rueca.

(Vase Laurencia.)

Gallardo   ¡Malos años y cuál va!
No quiero más tu afición,
que da coz y mojicón
que el diablo la esperará.
Amansarán sus querellas
si las sabe remediar,
y más que yo sé lugar
donde se curan doncellas.

(Vase. Salen todos los villanos, menos Niso.)

Montano   No ha querido don Gastón
dejarnos salir contra él,
como es señor de Estercuel
obedecerle es razón.
Dice que este agravio se hizo
a él solo, y que así le toca
castigar la furia loca
de quien tan mal satisfizo
al honor que con su hermana

pensaba en Aragón darle,
y así va a desafiarle;
que si no a son de campana
    habíamos convocado
todo el lugar.

Corbato   ¿Qué, no hay quien
se libre de don Guillén?

Ardenio   No imagino que ha quedado
    doncella en esta comarca
que no le pague primicias.

Corbato   ¿Es cura?

Ardenio   De las malicias.
Todas las mochachas marca.

Montano   Aunque fuera el moro entre ellas
y Córdoba Montalbán,
pues el pecho que le dan
es cual el de cien doncellas.

Corbato   Éste es turco aragonés.
¡Qué bien hizo en no casarse
Maroto!

Ardenio   Fuera cargarse
la cabeza ya hecha pies.

Montano   Él es sabio, aunque parece
ignorante.

Ardenio   Es buen cristiano.

74

Corbato   Dios le tuvo de su mano,
             y el cuerdo se está en sus trece.

Montano   Y Niso, ¿qué hace?

Corbato   Llora
             de su Laurencia la afrenta.

Ardenio   Si ella quisiera, a mi cuenta
             que estoviera honrada agora.

Corbato   Como allá dicen que andaba
             con don Guillén de escondidas
             en cuentos.

Montano   Están perdidas
             por él las mozas.

Ardenio   Habraba
             con él los disantos todos,
             ya en el soto, ya en el río.

Montano   Y aun por esa se hacen, tío,
             de esos polvos estos lodos.
                Tómese lo que se tiene,
             y tenga agora paciencia;
             mas ¿no es ésta Laurencia?

Ardenio   La misma.

Corbato   ¡Verá y cuál viene!

(Sale Laurencia.)

Laurencia   ¿Qué hacéis aquí, afeminados,
hombres solo en la apariencia,
en conversación infame,
que no sentís vuestra afrenta?
Gallinas, y aun no gallinas,
pues ya saben volver éstas
los picos contra el milano
que sus polluelos le lleva.
¿Qué pastor hay tan cobarde
que, con gritos, hondas, piedras,
no libre del lobo vil
la ya acometida oveja?
Una hormiga, si la quitan
el grano que avara encierra,
muerde atrevida al contrario.
Un mosquito se sustenta
de la sangre de un león,
y hasta la más torpe abeja
acomete vengativa
a quien roba sus colmenas.
Pues, gallinas, el milano
se atreve a las pollas tiernas
de vuestro lugar y casas,
¿y no vengáis vuestra ofensa?
El lobo bárbaro os roba,
villanos, una cordera
delante de vuestros ojos,
¿y le dejáis ir con ella?
Volved, hormigas cobardes,
por la agostada cosecha
del honor que os han quitado
de un traidor las insolencias.
Aún menos sois que mosquitos,

pues ninguno hay que se atreva
a sacar sangre afrentosa
a quien derrama la vuestra.
Mas, pues, vuestra cobardía
llevar los panales deja,
del colmenar de la fama
zánganos sois, que no abejas.
No os llaméis hombres, cobardes;
ceñid al lado las ruecas,
pues no sabéis ceñir armas
más que para la apariencia.
Si como sabéis guardar
las espadas que las vean
desnudas contra tiranos
guardarais las hijas vuestras,
no las violara la injuria;
mas si las espadas vuestras
son vírgenes, mal podréis
defender tantas doncellas.
¡Que a vuestros ojos un hombre
haga torpe y loca presa
en una frágil mujer,
en una vecina vuestra!
¡Que os lleve con ella la honra,
y que no tengáis vergüenza
de vivir y no vengaros!
¡Que estéis de aquesa manera
conversando unos con otros
como si en paces o fiestas,
contárades las hazañas
que emprendistes en la guerra!
Diez leguas de Zaragoza
vivís, y la gente de ella
son espejo de las armas,

blasones de la nobleza.
¿Cómo se os pega tan poco,
decid, gente aragonesa?
¿Por qué afrentáis vuestra pata
afeminados en ella?
Si no sois para vengaros,
llamad las mujeres vuestras;
pedidlas que os desagravien,
quejaos llorosos ante ellas,
y mientras se arman valientes
y la aguja en lanza truecan,
el acero por las galas,
las espadas por las ruecas,
quedaos en casa vosotros,
hilad, barred, viles hembras;
jabonad y haced colada,
que aunque la hagáis, yo estoy cierta
que no sacaréis las manchas
que en vuestra honra el agravio echa,
si no es con sangre enemiga
que es la más eficaz greda.
¿Calláis? ¿Teméis? ¿No venís?
Mas ¿para qué? No os den pena
injurias de vuestras hijas,
comprad trompas y muñecas;
jugad, niños, que es razón
que mientras vive Laurencia
ella tomará venganza.
¡Vive Dios! Que en vuestra afrenta
ha de mudar, gente vil,
el traje y naturaleza,
por que os enseñe a ser hombres,
siéndolo vuestra Laurencia.
Bandos hay en Aragón;

volviéndome bandolera,
no he de dejar hombre a vida.
¡Guárdese de mí mi tierra!
Que en vosotros los primeros
he de vengar mis ofensas,
y vestidos de mujeres
sacaros a la vergüenza.
El que hombre fuere, mis agravios sienta.
¡Al arma! ¡Don Guillén, serranos, muera!

(Vase.)

Corbato   Salpimentado nos ha.

Ardenio   ¡Malos años para ella,
               y qué sabida que es!

Montano   No tién pelillo en la lengua;
               mas sóbrala la razón,

Corbato   Si aquí su padre estuviera
               también llevara su parte.
               Pero ¡qué infamia es la vuestra!
               Vamos, aunque mos lo estorbe
               don Gastón, y el fuego encienda
               a Montalbán y a su dueño,
               que si no es de esta manera
               corre peligro Estercuel.

Todos   ¡Al arma! ¡Don Guillén muera!

Ardenio   Muera; porque antes de un año
               no ha de haber en esta tierra
               una virgen por un ojo.

79

Montano	Si el fuego de Amor le quema un clavo saca otro clavo, con un fuego otro se venga.
Corbato	La campana de concejo tocad, por que todos vengan a vengar nuestras injurias.
Ardenio	¡Al arma, serranos!
Todos	¡Guerra!

(Vanse. Salen don Guillén y don Gastón.)

Gastón	La cruz que traéis al pecho, señal de vuestra nobleza, para adornar la cabeza de los césares se ha hecho. Las veces que sin provecho la veo en hombres que no son de crédito y opinión, aunque lástima me da, sospecho que es cruz que está pintada en algún rincón. En el más alto lugar y sublime chapitel se pone la cruz, y en él la suele el cuerdo estimar. La nobleza suele dar alto sitio cuando intenta darle el pecho, mas si afrenta la posesión, no se estime, porque en la cruz más sublime

un pájaro vil se asienta.

 Digo esto, y no sin razón,
porque aunque con ella os veo
adornar el pecho, creo
que es cruz que está en el rincón;
que puesto que ese blasón,
que ilustre y noble os ha hecho,
en vos es cruz sin provecho,
pues, según dais los indicios,
mil aves de torpes vicios
se asientan en vuestro pecho.

 Yo, a lo menos, como suelo
adorar la cruz que ensalzo,
con reverencia la alzo
la vez que la hallo en el suelo.
Como es insignia que el cielo
reverencia, del lugar
donde no es decencia estar
la quito, y así al presente,
por no ser lugar decente,
la cruz os vengo a quitar.

 Que, pues tan torpe afrentáis
mis vasallos, más castigo
os darán, siendo testigo
la cruz que al pecho lleváis.
Cuando las honras quitáis
a las doncellas, que en vano
os dan nombre de tirano,
sacáis vuestra infamia a luz,
pues delante de una cruz
el que peca es mal cristiano.

 En vos está mal empleada,
y así vengo satisfecho,
que la cruz de vuestro pecho

quitará la de mi espada.
Mi tierra llora afrentada
por vos, y no será yerro
que la cólera que encierro,
la cruz os deje, si da
hoy la muerte, y servirá
de cruz para vuestro entierro.

Guillén   Cuando vi que con cruz tanta
veníades, don Gastón,
os juzgaba procesión
que sale en semana santa.
Mas no me admira ni espanta
lo que os oigo, que el valor
que a mi sangre da favor
me enseña en nuestras querellas
que santiguándoos con ellas
mostráis tenerme temor.
    Quistión será peregrina
la que empezáis, dándoos luz
por la señal de la cruz
como niño de doctrina.
Dad en eso, que es divina
traza, y en vos señalada.
Predicad, no se os dé nada,
tendrá por nuevo favor
en vos un predicador,
Aragón, de la cruzada.
    Que yo, más travieso y roto,
de mi valor haré alarde,
porque el hombre que es cobarde
siempre da por lo devoto.
Si vuestra tierra alboroto
mi gusto es, y está bien hecho,

y si no estáis satisfecho,
entrad con furia doblada
por la cruz de aquesta espada
a quitarme la del pecho.

(Echan mano. Sale Gallardo.)

Gallardo
        Don Guillén, a Montalbán.
ha puesto fuego Estercuel;
acude al remedio de él,
mira los gritos que dan.

Guillén
Hazañas vuestras serán
éstas, y vendréisnos luego
a predicar con sosiego
cruz, valor, fe y opinión,
cuando pegáis a traición
a vuestros vecinos fuego.
        Pero agradeced ahora
que ayuda mi gente pida,
dándoos término de vida,
a mi pesar, por un hora.

Gastón
La injuria, que es labradora,
se ha vengado de esta suerte.
Id, que en ceniza convierte
la hacienda que os atropella,
que cuando volváis sin ella
entonces yo os daré muerte.

(Éntranse por puertas diferentes. Sale Laurencia, de hombre, Roberto, y los bandoleros.)

Laurencia
        En otro tiempo sintiera

haber dado en vuestras manos;
pero ya agravios villanos
me mudaron de manera,
   que estoy contenta en extremo,
Roberto, de andar con vos,
por que venguemos los dos
agravios que ya no temo.
   Bandolero sois, Roberto,
que de esta suerte se alcanza
en Aragón la venganza.
Don Guillén mi honor ha muerto;
   vengadme del y cobrad,
si es deuda una obligación,
de mí la satisfación
en oro de voluntad.
   Vuestra soy desde este día,
sin honra ni fama estoy
mientras venganza no doy,
Roberto, a la afrenta mía.
   Nadie me llame Laurencia,
que soy hombre en restaurar
mi honra, si fui en amar
mujer de poca experiencia.
   En este traje pretendo
serviros, acompañaros,
suspenderos, asombraros,
y si en mi amor os enciendo
   yo os pagaré de manera
que, no quedándoos deudora,
si me amasteis labradora
me queráis más bandolera.

Roberto   Cuando no haya yo ganado
con los bandos que profeso

sino el escucharos eso
y el traeros a mi lado,
    dando deleite a mis ojos,
entretenimiento a amor,
al pecho esfuerzo y valor
y a la voluntad despojos,
    tengo por ser bandolero
más dicha que por ser rey.
Compañeros, haced ley
de mi gusto. Desde hoy quiero
    que mi Laurencia nos mande.
Ella es nuestro capitán.

Bandolero I   Si por caudillo nos dan
un Sol, en dicha tan grande,
    ¿quién habrá que nos resista?
Y qué presas no esperamos
si a cuantos vengan les damos
con este Sol una vista?

Bandolero II   Yo la estimo y reverencio.

Roberto   ¡Laurencia viva! Decid.

Todos   ¡Viva Laurencia!

Laurencia   Advertid
que he de llamarme Laurencio,
    y que de Roberto soy
amorosa compañera
pero con los demás fiera
leona y tigre desde hoy.
    No ha de quedar hombre a vida
de cuantos a nuestras manos

vinieren, ya sean villanos,
ya de sangre conocida;
   que quiero, por estos modos,
ya que mi amor banderizo,
que el mal que un hombre me hizo
lo vengan a pagar todos.

Roberto   Tu gusto es, mi bien, el nuestro.

Laurencia   No imagine don Guillén
                     que su villano desdén,
                     si en torpezas está diestro,
                        se ha de quedar sin castigo.
                     ¡Vive Dios! Que ha de saber
                     que una ofendida mujer
                     es el mayor enemigo.

Bandolero I   Gente parece que viene.

Laurencia   ¡Ojalá fuera el primero
                     mi ofensor!

(Salen don Guillén y Gallardo.)

Guillén   El fuego fiero
                     mi tierra asolada tiene.
                        ¡Vive Dios que aquesta afrenta
                     la tengo de castigar,
                     si España vuelve a llorar
                     de su pérdida sangrienta
                        segunda vez el destrozo!
                     De enojo y cólera ardo;
                     yo haré en Aragón, Gallardo,
                     que se le convierta el gozo

de don Gastón en tristeza.
Yo le allanaré a Estercuel
por el suelo.

Gallardo   Hazaña cruel,
indigna de su nobleza,
    ha sido; mas —¡vive Dios!—
que, según los dos andamos,
no es mucho que nos perdamos
en esta ocasión los dos.
    Los llantos de las doncellas,
que yo te he solicitado
y tú sin razón logrado
han llegado a las estrellas.
    Dios por ellas nos castiga.

Roberto   Ténganse y las armas den.

Laurencia (Aparte.)   (¡Cielos, éste es don Guillén!
Pues mi deshonra os obliga,
    hoy verá Aragón en mí
que un agravio basta a hacer
tigre hircana a una mujer.)

Guillén   ¿Que es esto?

Gallardo   Purgar aquí
    lo que pecamos los dos;
los que ves son bandoleros.

Guillén   ¿Hay más males, cielos fieros?
Mas tengo ofendido a Dios,
    no me espanto.

Laurencia	Don Guillén,
	¿conocéisme?

Guillén	Si creyera
	los ojos, que eres dijera
	Laurencia.

Laurencia	Y dijeras bien.

Guillén	Pues ¿cómo? ¿Tú en este traje?

Laurencia

De tu amor vil le aprendí,
y por parecerme a ti
en el oficio y lenguaje,
   cual ves me vuelvo en razón;
que, como ser ladrón quieres
del honor de las mujeres,
de ti aprendo a ser ladrón.
   Cual bandolero asaltaste
mi honor, que era peregrino,
y saliéndole al camino
una joya le quitaste
   que todo mi ser valía;
y cual suele el bandolero,
en sacándole el dinero,
la bolsa arrojar vacía,
   ingrato me despreciaste;
que la mujer sin honor
es un vaso sin licor,
y como tal me arrojaste.
   Yo, pues, que por ti ofendida
a ser salteadora aprendo,
quitarte agora pretendo
la vil y bárbara vida.

Y sirviendo de cadalso
un roble, cual tú cruel,
te mandaré colgar de él
como hacen al peso falso.

Guillén   Laurencia, humilde confieso
mi crueldad e ingratitud;
mas tu prudencia y virtud
perdonen mi poco seso,
que no querrás dar la muerte
a quien tanto un tiempo amaste.

Laurencia   ¡Qué mal mi amor aplicaste!
Con él pienso convencerte.
La miel de un panal sabroso,
si se corrompe, en acíbar
convierte su dulce almíbar.
Del vino más generoso
sale el vinagre mejor,
y a este modo, don Guillén,
se engendra el mayor desdén
del más firme y puro amor.
El corazón —¡vive Dios!—
te he de sacar y comer.

Gallardo   ¿Y de mí qué vendrá a ser?
¡Cielos!

Laurencia   Venid acá vos,
que sois corredor de oreja,
de vicios casamentero,
de juegos torpes tercero,
el que la ropa que deja
vuestro señor os vestís,

alzáis del deleite platos,
calzáis sus rotos zapatos
y de su sombra os cubrís.
　　Venid acá.

Gallardo
　　　　　　　De rodillas
puestas las manos, Laurencia,
Gallardo os pide clemencia.
No armaré desde hoy pandillas.

Laurencia
　　Sois un gran bellaco.

Gallardo
　　　　　　　　En esto
no hay señora que negar,
es virtud el confesar,
yo pecador lo confieso.

Laurencia
　　Tenéis muy bellacos hechos.

Gallardo
¿Qué mucho si en mí repara
teniendo tan mala cara?

Laurencia
¡Y qué mala!

Gallardo
　　　　　　　Los deshechos
del mundo, porque se asombre
de lo que alego en mi abono,
mi padre iba a hacer un mono
y por yerro hizo en mí un hombre.
　　Mire este rostro de cerca
si con gana de reír viene,
que cuando está mejor tiene
color de gamuza puerca.
　　La nariz, segunda Roma

que porque no me la hurtasen
los que a envidiarla llegasen,
me la remachó Mahoma.

Los ojos de cuya lumbre
son las dos niñas morenas,
de sangre y lagañas llenas
por venirles su costumbre.

Y porque vea mi trabajo,
en tres ojos con que vengo,
sepa que almorranas tengo,
así arriba como abajo.

¿Quién de un hombre tal pensara,
aunque más le persiguieran,
que almorranas le nacieran
en los ojos de la cara?

Pues la boca, y dentadura
en ella, una moza echó
el servicio, que creyó
ser carretón de basura.

Los hociquitos dirán,
según son gordos y bellos,
yo muy rubio, y belfos ellos,
que soy inglés o alemán.

Las manos cándidas, pues
que lisas, blandas y bellas,
por anillos traigo en ellas
los juanetes de los pies.

Pues el talle de bacique,
segundo Brunelo en todo,
que no hay dicho, mote, apodo
que al propio no se me aplique.

Pues si por el cuerpo saca
el alma que en él está,
¿qué tal el huésped será

de posada tan bellaca?
  Por eso en el alma aguardo
lo que mi cuerpo promete;
traidora ella, él alcahuete,
y un bellacón, Gallardo,
  Pues yo me culpo y me riño,
perdóneme, que si erré
como mozo y niño fué.

Roberto   ¡Válgate el diablo por niño!

Bandolero I   ¿Tú niño? De Satanás.

Laurencia   Roberto, hoy tienes de ver
                 nuevas crueldades hacer,
                 sin que asombre al mundo más
                   Falaris, Sila o Nerón,
                 porque aventajarlos quiero.

Roberto   Si amorosa eres cordero,
                 injuriada eres león.
                   Pues tengo dicha en quererte,
                 yo haré como no enojarte;
                 pues viviré en agradarte
                 y moriré en ofenderte.

Laurencia   Tráeme atados estos dos,
                 imaginaré tormentos
                 tan nuevos como sangrientos.

Guillén   ¡Paciencia, cielos!

Gallardo   ¡Par Dios,
                 que es muy linda tu paciencia!

Guillén	Pagaré locuras mías.
Gallardo	Yo engaños, bellaquerías, mala vida y peor conciencia.

(Vanse. Sale Maroto.)

Maroto   Soledades discretas,
si es discreción comunicar con pocos
pasiones que secretas
dicen a voces, bárbaros y locos,
con vosotras me entiendo
que habláis callando y regaláis riendo.
   Cautivarme quería
quien envidioso está de mi ventura,
con triste compañía,
pues suele ser prisión una hermosura
que con dulces cadenas,
tal vez da por un gusto dos mil penas.
   Más precio yo, mi prado,
ser rey de vuestras flores y belleza,
tejiendo coronado
guirnaldas que regalen mi cabeza,
entre el arado y bueyes
que la diadema avara de los reyes.
   Más precio los vasallos
de mansas ovejuelas y corderos,
que en coches y caballos
la adulación de hechizos lisonjeros
donde el engaño mira
que a la verdad oprime la mentira.
   Más precio el pan moreno
con la cebolla y rústico tasajo,

que el banquete más lleno;
pues con la dulce salsa del trabajo
sustento mi alegría
sin miedo de la torpe apoplegía.
    Más precio, cuando ordeño
las cabras en el tarro que en él eche,
para brindar al sueño,
el pecho que sus pechos paga en leche,
licor blando y sabroso,
que el vino más caliente y generoso.
    Oh, soledad hermosa
con vosotras estoy solo casado,
no quiero tener esposa,
que la quietud de vuestro alegre prado
alivia mis desvelos
y conserva el honor sin tener celos.

(Salen Laurencia y los bandoleros.)

Laurencia   Atados en estos robles
                         servirán de puntería
                         hoy a la venganza mía
                         y a vuestras pistolas dobles.
                             Tirarán los pedreñales,
                         en señal de mi dureza,
                         al blanco de su torpeza,
                         pues fueron los dos iguales.
                             Al pedernal duro y ciego
                         que descalabró mi honor,
                         pues como su torpe amor
                         a puros golpes da fuego.

Roberto   Mi Laurencia, haz sacrificio
                         de quien le hizo de tu fama,

su sangre torpe derrama;
que ya su muerte codicio,
   en fe que de don Guillén
estoy celoso y cobarde,
porque al fin se olvida tarde
lo que se ha querido bien.

Laurencia   Bien dices, cuando la injuria
no llega a quitar la honra;
pero el amor que deshonra
sus llamas convierte en furia.
   Mas ¿quién es éste? Aguardad.

Roberto   Un pastor grosero y roto.

Laurencia   ¿Éste, cielos, no es Maroto?
Pues ya soy toda crueldad;
   que él por mujer no me quiso
cuando guardarme pudiera
y mi honor en pie viviera;
pagará su poco aviso.
   Prendelde.

Maroto   ¿Qué es esto? ¡Ay cielo!

Laurencia   Laurencia, villano, soy.

Maroto   Sea en buena hora, y yo le doy
el parabién sin recelo,
   de ver que se ha vuelto hombre;
que a fe que Dios la ha sacado
de mujer que es de pecado,
y pues en el traje y nombre
   se ha convertido en varón,

déle barba Dios también,
que no será hombre de bien
si se convierte en capón.

Laurencia   A lo menos no lo fuera
si yo os dejara con vida.

Maroto   Pues ¿qué le he hecho yo?

Laurencia   Ofendida
me tenéis.
        [-era]
        [-ar]

Maroto   [...] No hay mandamiento
de casaráste.

Laurencia   Tormento,
atado, aquí os han de dar.

Maroto   ¿Porque casar no me quise?

Laurencia   Colgádmelo de ese olivo.

Maroto   ¡Mas arre allá, que estoy vivo!

Laurencia   En su mismo daño avise.
    Ea, colgadle.

Maroto   ¡Mas no nada!
¿No ve que falta escalera?
Mas, pues me ahorca soltera,
¿qué hiciera estando casada?

| Laurencia | Vivir honrada con vos, |
| | sin llorar mi honor enojos. |

Maroto	Si me sacara los ojos
	tuviéramos paz los dos;
	que los maridos al uso,
	y más si son cortesanos,
	no tienen ojos ni manos,
	que el oro vendas les puso.
	Y de mi cura he sabido
	que Dios sanó, porque pudo,
	uno ciego, sordo y mudo,
	que pienso que era marido.

| Laurencia | Acabad, colgadle. |

Maroto	Atajo
	es del cielo, no me espanta.
	Más vale de la garganta
	ser de un olivo colgajo,
	que serlo en esta ocasión
	de la cabeza.

| Roberto | ¡Simpleza |
| | notable! |

Maroto	De la cabeza
	quedó colgado Absalón,
	y si maridos pasaran
	como él, quizá los más de ellos,
	que traen ganchos por cabellos,
	colgados también quedaran.

(Sale un Bandolero.)

Bandolero I	Mira, Roberto, por ti;
	que todos estos lugares,
	para vengar sus pesares,
	se van convocando aquí.
	Procura hacer resistencia
	o embocarte en la espesura.
Roberto	¿Qué haremos?
Laurencia	Probar ventura;
	hoy veréis quién es Laurencia.
	En matando a don Guillén,
	acometerlos podremos
	para que ricos quedemos,
	que huír no parece bien.
Roberto	Moriré determinado
	de defender tu beldad.
Laurencia	A ellos, pues, y dejad
	aquí este villano atado.
	Pero no, venga conmigo,
	que si vitoria alcanzamos
	de los que a acometer vamos,
	después le daré castigo.

(Vanse.)

Fin de la segunda jornada

Jornada tercera

(Salen Lirano, Marbelio y Maroto.)

Lirano	No fue nada; huyeron todos; y aunque han ido por más gente, cuando asaltarnos intente no nos han de faltar modos, si nos llevasen ventaja, para emboscarnos, que aquí todo es monte.
Marbelio	Es así; pero entre tanto que baja la aragonesa cuadrilla, de aqueste olivo colgad ese hombre.
Maroto	¿Y que es verdad que a vista de nuesa villa me quieren ahorcar?
Lirano	De noche es, no hay que tener temor que os salgan a dar favor.
Maroto	Porque una mujer reproche y con ella no me caso, ¿es justo matarme así?
Lirano	Mándalo Laurencia.
Maroto	Aquí de un salto hasta el cielo paso.

Pero, pues hemos llegado
a hablar verdades, más quiero
morir ahorcado, soltero,
que estar vivo y ser casado.
Olivo, de mi fortuna
os doled, mirad mi daño,
que no dais buen fruto hogaño
ni Maroto es aceituna
para que de vos colgado
imitéis en tales dudas
al saúco de do Judas
dicen que estuvo ahorcado.

Marbelio   Atalde mientras que apresto
el cordel.

Maroto   ¡Aquí del reye!
Porque no me caso ¿es leye?
¿Es justicia?

Marbelio   Acabad presto;
pero, escuchad, que parece
que hay ruido de batalla.

(Dentro.)

Voces   ¡A ellos, mueran, que es canalla!

Otras   ¡Mueran!

Lirano   El peligro crece.

Marbelio   Dejadle atado, y después
volveremos a acabar

100

                          lo empezado.

Lirano   Si el lugar
                          no le libra.

Marbelio   Vamos, pues.

(Vanse y dejan atado a Maroto.)

Maroto   ¡Madre de Dios, siempre he sido
                          amigo y vueso devoto;
                          porque no quiere Maroto
                          ser de una loca marido,
                            me matan, Madre de Dios!
                          Toda boda es peligrosa,
                          yo no quiero más esposa
                          ni más amores que a vos;
                            las demás que esposas son
                          las manos y libertad
                          atan, que al fin es verdad
                          que toda esposa es prisión.
                            Pero vos, que a los humanos
                          desatáis libertadora,
                          pues que sois mi esposa agora
                          desatad mis pies y manos.
                            Que porque no me maltrate
                          quien mi muerte sentenció,
                          si así una mujer me ató
                          otra es bien que me desate.

(Ábrese un olivo, y entre sus ramas está una imagen de la Virgen, Nuestra Señora de la Merced.)

Virgen   ¡Maroto!

Maroto	¡Ay, Dios! ¿Quién me nombra?
Virgen	Alza alegre la cabeza.
Maroto	¿Quién sois, divina Señora?
Virgen	Quien tu fe y devoción prueba.

Maroto   ¡Ay, Dios! ¿Quién me nombra?

Virgen   Alza alegre la cabeza.

Maroto   ¿Quién sois, divina Señora?

Virgen   Quien tu fe y devoción prueba.
La Dama del Olivar
ha de llamarme esta tierra,
consagrándola mi nombre
y honrándola mi presencia.
El olivo significa
misericordia, y la iglesia
se alumbra con su licor.
Misericordia es clemencia,
la clemencia a nadie mata,
siendo esta verdad tan cierta,
necio es quien en este olivo
darte muerte ciego intenta.
Yo, que al fin soy la paloma
que en el diluvio y tormenta,
que en el mar de los pecados
todos los hombres anega,
desde el arca de Noé,
de la ley de gracia nueva,
el ramo de oliva traje
que anuncia la pascua eterna.
Aquel pimpollo admirable,
ramo de la oliva inmensa,
que siempre verde y florido
el tronco del padre engendra.
Aquel ramo que plantó
el labrador que sustenta

los cielos en mis entrañas,
sin que humana obra se atreva
a poner en su labor
la mano, porque en vez de ella
es el Espíritu Santo
quien la planta y quien la riega.
Aquel engerto divino,
que de dos naturalezas
en un supuesto da el fruto
que sana el que comió Eva.
En fin, yo la oliva soy
que a Dios hombre cría y lleva,
que es aceite derramado
en el lugar de la iglesia.
Yo, pues, que en ella quedé
por legítima heredera,
por ser hija, madre, esposa,
de los tres que en uno reinan,
he plantado un olivar,
que puesto que agora empieza
a crecer, se extenderá
por el orbe de la tierra.
Cuatro frutos dará al año,
aunque de especies diversas,
porque su fertilidad
cause asombro a quien la vea.
Será el primero sabroso
por el voto de pobreza,
que aunque la forzosa amarga,
la voluntaria deleita.
Pues no sin causa la oliva
es amarga a quien la prueba
verde, y después por sabrosa
honra la más noble mesa.

Tras este fruto se sigue
el segundo de obediencia,
mortificando sus gustos
a la voluntad ajena;
que por eso la aceituna,
que es su símbolo, se quiebra,
muele, parte y martiriza
en el lagar y la prensa,
de donde el aceite puro
se saca, que a Dios recrea;
que después de los trabajos
ofrece luz la paciencia.
El tercero es castidad,
fruto que la palma lleva
a todas cuantas virtudes
a los santos hermosean.
Que no sin causa el aceite,
si con el agua le mezclan,
a otro licor le juntan,
por más que con él le envuelvan
siempre está encima de todos;
que siendo el cielo su esfera,
como rey de las virtudes
sobre todas triunfa y reina,
El cuarto la caridad,
emperatriz que gobierna
los cielos y rige el mundo;
fuego que abrasa y no quema;
luz que alumbra a todo hombre;
que, en fe de esto, en nuestra
iglesia da luz de noche y de día
y el fuego de amor sustenta.
Redimirá aqueste fruto
los cautivos que atormenta

el blasfemo y torpe amor,
para que con fama eterna,
llamándose redentores,
den sus vidas y su hacienda
por sus hermanos, que oprimen
las crueldades sarracenas.
Darán para ellos sus vidas,
quedándose en sus cadenas,
porque ellos salgan seguros,
virtud excelente y nueva.
Pero, en fin, como la oliva,
que toda a todos se entrega
dejándose hacer pedazos,
dando sus entrañas mesmas,
llamaráse este olivar
de la Merced, porque en ella
la han de hallar sus oprimidos,
blasón que ha de ennoblecerla...
Y para que estimes más
esta heredad, que comienza
de esta tierra a florear
con divinas influencias,
un rey es su labrador
para que más se ennoblezca.
Mira cómo con sus armas
la autoriza su nobleza.
Don Jaime el conquistador,
que entra triunfando en Valencia,
le planta y le da principio,
¿qué maravilla que crezca?
Del pecho piadoso nace
de Pedro Nolasco, piedra
fundamental, que promete
en el valor y firmeza.

(Con los santos y corona que refiere ha de estar adornado el árbol.)

Por primicias de ese fruto
es la primer fruta nueva
otro Pedro de Armengol,
que de él, como oliva cuelga.
Un Ramón es verde rama
que mi olivar fertil echa,
no nacido y milagroso
que con un candado cierran,
porque tal aceite y fruto
en fe de lo que se precia,
con candado ha de guardarse
para dar luz a mi iglesia.
Un Serapión es esotro,
oliva sabrosa y tierna,
que en el lugar del martirio
descoyuntan y atormentan.
La corona que remata
este olivo, a todos muestra
que es real, militar y noble,
para que a todos exceda.
Siendo, pues, de tal valor
esta heredad, porque tenga
lo necesario, he querido
que aquí se labre una iglesia
donde mi aceite se guarde,
y con mi misma presencia
se autorice en Aragón
que a esta orden sirve y precia.
Ve, pues, pastor, a Estercuel,
su gente convoca, y llega
a su señor, mi devoto,

llama y diles que aquí vengan,
y este sitio me dediquen
con un templo, donde vean
mi imagen, que en este olivo
como en su trono se asienta,
y dándole a la merced
estimen la Merced nueva
que les vengo a hacer propicia,
y tú, por que goces de ella,
pues por esposa me elijes,
el ganado y campos deja,
y sírveme en esta casa,
pues el que me sirve reina.

(Encúbrese.)

Maroto   ¡Oh visión digna de espanto!
Pues que me libras y sueltas
y tengo en ti tal esposa,
dete alabanzas mi lengua.
A hacer voy lo que me mandas.
Religión piadosa y tierna,
yo os serviré desde hoy más.
Olivar de fama eterna,
desde hoy quedará memoria
que celebre tu grandeza,
la Dama del Olivar,
de amor y de dichas prenda.

(Vase. Sacan a don Guillén los labradores, y salen don Gastón y doña Petronila.)

Niso   Huyeron los bandoleros,
y a dos encinas atados,
para pagar sus pecados,

aquestos dos lobos fieros
   de nuestras tiernas ovejas
se dejaron.

Corbato   Permisión
del cielo, pues ellos son
la causa de nuestras quejas.

Gastón   A mi poder, don Guillén,
la Fortuna os ha traído,
y aunque de vos ofendido
querellas justas me den
   mis vasallos, y pudiera
satisfacerla con vos,
el valor que me dio Dios
mi agravio no considera.
   Sin mi gusto a Montalbán
os quemaron mis vasallos,
que no pude refrenallos,
porque ofendidos están.
   Que cuando la injuria es tal,
las riendas del tiento pierde,
y un perro con rabia muerde
con ser tan fiel animal.
   Mostrara ser caballero
agora, y libre os dejara,
si en daño no resultara,
como sabéis, de tercero.
   Pero haciéndolo, provoco
todo el lugar de Estercuel,
y ya sabéis cuán cruel
es un pueblo y vulgo loco.
   Mientras Laurencia parece
y se aplaca tanto exceso,

será razón que estéis preso,
y el alcaide que os ofrece
  mi nobleza, es a mi hermana,
que en regalo y cortesía
dará muestras que lo es mía.

Guillén   Libertad mi suerte gana
  con ser yo su prisionero;
y aunque estimo este favor,
sois caballero mayor
y en Aragón el primero.
  Bien pudiérades mostrar
vuestro poder por mil modos,
que vuestros vasallos todos,
son de bien y mal pasar
  y a vuestro gusto obedientes.
Cuando libertad me deis
han de aprobar lo que hacéis
sin mirar inconvenientes;
  pero hacer podéis de mí
vuestro gusto, pues estoy
sujeto.

Gastón   Su señor soy,
mas el valor que adquirí
  quiere, por más que me amen
si de bien y mal pasar
son, que los de este lugar
no de mal pasar se llamen.
  Mas solo de pasar bien,
que cuando a regirlos vengo,
los viejos por padres tengo
y por hermanos también
  los mozos, porque es mejor,

para poder gobernallos,
hacer hijos de vasallos
y convertir en amor
   el poder, que no han de dar
como encina el fruto a palos,
pues por fuerza saldrán malos
vasallos de mal pasar.

Guillén   Enseñáisme, don Gastón,
a vivir por vuestro preso,
y obligado me confieso,
puesto que si mi prisión
   goza de tal carcelera
más parece libertad.

Petronila (Aparte.)   (¡Que tenga yo voluntad
A quien no la considera!
   ¡Oh, fuerza de un dios tirano!
Libraréle, que es rigor
prender a quien tengo amor.)

(Llévanle y vase doña Petronila.)

Gastón   Éste queda en vuestra mano.
   Como no le deis la muerte
ni saquéis sangre, vengad
en él vuestra voluntad
para que a enmendarse acierte.

Niso   Hacéisnos señor merced.
¡Yo os juro a San...! alcahuete,
que heis de pagarlo.

Gallardo   Hoy promete,

Gallardo, enmienda. Tened,
lástima de este lacayo.

Corbato   Allá lo veréis, venid.

Ardenio   No le saquéis, advertid,
sangre...

Niso   Yo os voto a mi sayo
que la afrenta de Laurencia
nos la habéis hoy de pagar.

Ardenio   No le podréis azotar
mientras no mos den licencia
de sacarle sangre.

Niso   Bueno;
desnúdele yo una vez,
que siendo como la pez
dentro, y de fuera moreno,
en él quebraré mi cinta
sin miedo que se desangre,
porque éste no tiene sangre,
sino en lugar de ella, tinta.

(Llévanle. Sale Maroto.)

Maroto   Señor: dad gracias al cielo
y vuestra dicha estimad,
en vuestra misma heredad
para premiar vuestro celo,
un tesoro hay encerrado
que con él rico quedéis.
                              [-éis].

111

Niso	¿Tesoro?
Maroto	Un tesoro he hallado en el olivar.
Gastón	Maroto, ¿qué decís? ¿estáis en vos?
Maroto	No hay cosa, después de Dios, que valga tanto.
Corbato	Remoto venís de vueso juicio.
Ardenio	¿Qué tesoro puede haber que tanto llegue a valer?
Maroto	Ni el Sol, a quien sacrificio hicieron tantas naciones, ni del cielo el mejor santo, ni un serafín vale tanto. Si no creéis mis razones, venid, y sobre un olivo veréis la Fénix que es una, la Estrella del mar, la Luna, la que es Hija de Dios vivo, de Dios vivo Madre hermosa, de Dios vivo Esposa bella, porque se encierran en ella ser Hija, Madre y Esposa. Atado en él me dejaron los bandoleros crueles, y rompiendo los cordeles

mis tinieblas alumbraron
 sus rayos de luz divina.
Mandóme que aquí viniese
y que a todos os dijese,
si servirla determina
 nueso dueño y Estercuel,
que una casa la edifiquen
y a la imagen la dediquen
que es la flor y fruto de él,
 y a los Padres Redentores
de la Merced se la den,
porque su merced también
nos ha de hacer mil favores.
 ¿Hay tesoro que sea igual?
Venid conmigo y veréis
la verdad que no creéis.

Corbato   No habéis vos bebido mal.
 ¡Ao, por santo se nos vende!
Diz que la Virgen María
del cielo ahablarle venía.

Ardenio   Sí, por cierto.

Niso   Bien lo entiende.

Gallardo   Él, es verdad, que es buen hombre
y devoto, mas no tanto
que quiera hacérsenos santo
y con milagros asombre.
 La imagen que España goza
a su apóstol por lo menos
mostró sus ojos serenos
dando vida a Zaragoza

y renombre a su Pilar;
pero ¡a un pastor simple y tosco!

Maroto   Que soy pecador conozco;
pero no habéis de mirar
   mi indigno ser y bajeza,
que Dios desprecia tal vez
de los hombres la altivez
y antepone la pobreza.

Gastón   Cosas de milagro son,
Maroto, dificultosas,
y al crédito peligrosas.
Mirad que será ilusión
   del demonio, que ya sabe
transformarle en una cruz
y fingirse ángel de luz
porque de perderse acabe
   el simple que es indiscreto.
Vuelva vuestro seso en sí,
que éste será frenesí
o ilusión vana.

Maroto   En efeto
   que la dicha que os ofrezco
¿no creéis?

Niso   Andad con Dios.

Gastón   Ni hasta aquí sois santo vos,
ni yo tanto bien merezco.

(Vanse.)

114

Maroto   En fin, no quieren dar fe,
dulce esposa, a mis palabras,
a mis ovejas y cabras
corrido me volveré.
   Vos los podréis alumbrar
con otro mejor testigo
mientras yo adoro y bendigo
la Dama del Olivar.

(Vase. Salen los labradores con Gallardo, y sacan un vaso con una purga.)

Niso   Ea, ténganle los dos,
que yo le he de dar tormento.

Gallardo   Señores míos, con tiento.

Corbato   Calle.

Gallardo   Por amor de Dios;
ya saben que esto ha de ser
sin sacar sangre.

Niso   El humor
queremos sacar, traidor,
que bellaco os vino a hacer,
y a todos nos alborota.
Callad, y sufrí el castigo.

Gallardo   Sin sacar sangre les digo.

Ardenio   No os sacarán ni una gota.

Gallardo   Pues ¿qué ha de ser?

Niso	Esta purga habéis de beber aquí.
Gallardo	¿Purgarme en salud a mí?
Corbato	La bellaquería os hurga allá dentro, y es razón que quedéis limpio del todo.
Gallardo	No cumpliréis de ese modo lo que manda don Gastón.
Montano	¿Por qué?
Gallardo	¿No dice que sea sin que sangre me saquéis?
Niso	Solo quiero que os purguéis, nadie sangraros desea.
Gallardo	Esas razones son vanas, pues mal me podréis purgar sin que sangre venga a echar, que estoy malo de almorranas.
Montano	No se entienda el mandamiento de sangre que sin castigo sale por roín postigo.
Niso	Tomad.
Gallardo	¿Hay igual tormento? Que he de morirme es notorio.

Corbato	Purgad vuestro mal gobierno y pasaréis al infierno desde aqueste purgatorio.
Gallardo	Eso es fuera de razón; al que al purgatorio pasa el infierno no le abrasa.
Niso	¿Pues eso no es de pasión, que pasaporte os darán?
Ardenio	¡Vaya de purga!
Gallardo	¿No sabes que purgarse sin jarabes es mal hecho?
Niso	En Montalbán os jaropeastes primero.
Gallardo	¿Con qué?
Niso	Con bellaquerías, jarabes todos los días tomabais alcabalero.
Gallardo	¿Cuál es?
Niso	Guindas serenadas con azúcar.
Gallardo	Yo, ¿qué es de ellas?
Niso	¿No son guindas las doncellas

agridulces coloradas?
　　¿No las sacábades vos
de noche por el sereno?
¿Decid, cacique moreno,
y a la mañana los dos
　　las echábades traviesos?

Gallardo

Si son guindas las que escucho,
quien come guindas, no es mucho
que arroje después los huesos.

Niso

　　Jaropado estáis, purgar
os falta agora.

Gallardo

　　　　　　　¿No sabes
que la purga y los jarales
siempre se han de confremar?
　　Si doncellas serenadas
me jaropan, ¡fuego en ellas!
Los jarabes de doncellas
piden purga de casadas.

Corbato

　　Bien rehusáis para vos.

Niso

¿Aún ahí vos las tenéis?
Bebedla, si no queréis
que el cincho me quite.

Gallardo

　　　　　　　　　¡Ay, Dios!
　　¿No hay vinagre o aceituna
con que la tome?

Corbato

　　　　　　　　Esa cara
toda es vinagre.

Gallardo	Repara...
Corbato	No hay reparación ninguna. Abra la boca le digo.
Gallardo	¡Puf!
Niso	¿Pues qué? ¿No huele bien?
Gallardo	Huele a ruibarbo y a sen.
Niso	¡Ea!
Gallardo	¡Dios vaya conmigo!
Corbato	Agora que esto está hecho venga y verá lo que falta.
Gallardo	El alma en las tripas salta.
Niso	Calle, que es de gran provecho.
Gallardo	Señores, hagan su oficio, que si dónde no me dan, de mi cámara serán y estarán a mi servicio.
Niso	Allá lo veréis, vení.
Gallardo	Ya la prisa me provoca, la purga tengo en la boca.
Ardenio	No ha de colar por ahí.

Gallardo	Déjenme, pues.

Montano	¡Bien, a fe! Aún no sabéis el soceso.

Gallardo	No importa llevarme preso, porque yo me soltaré.

(Vanse. Sale Maroto.)

Maroto	Madre mía, esposa mía, yo llevé vueso recado, nadie crédito me ha dado, que juzgan a hipocresía mi buen celo. ¿Qué he de hacer? Pena notable recibo.

(Aparécese Nuestra Señora, la Virgen.)

Virgen	Maroto.

Maroto	¿Sobre el olivo os merezco otra vez ver?

Virgen	Vuelve y dile a don Gastón que, estimando su ventura, venga, y si gozar procura tan celestial ocasión, que aquí me labre una casa y a la Merced se la dé.

Maroto	¿Cómo si no me dan fe y es mi suerte tan escasa

que burlan de mi simpleza?

Virgen   Llégate, Maroto, acá;
agora te creerá.

(Vuelve la cabeza atrás y encúbrese.)

Maroto   ¡Ay, Dios! ¿Qué es de mi cabeza?
¿Qué es de mi cara? No tiento
si cogote y colodrillo,
señora, si he de decillo,
¿con qué boca, con qué aliento?
   Pero a las espaldas tengo
la cara que me torció
el rostro, y acá le echó.
Un hombre hecho revés vengo.
   Si Estercuel en mí repara,
de verme tendrá temor,
o creerá que soy traidor,
pues llevo detrás la cara.
   No la puedo revolver,
los carcañales me miro,
no sin ocasión me admiro,
¿cómo tengo de comer?
   Adelante la barriga
y a las espaldas la boca.
¿Qué es esto? Simpleza loca.
¿Quién de esta suerte os castiga?
   Mas, pues me manda que acuda
la Virgen, así hecho un mostro,
y echándome atrás el rostro
en hombre al revés me muda,
   y es mi cuello de tornillo
que alrededor se me anda,

vo a decir lo que me manda
y a hablar por el colodrillo,
   que con señal semejante
me creerán, y de hoy más
los pies irán hacia atrás
para andar hacia delante.

(Vase. Salen don Guillén y doña Petronila.)

Petronila

   Ya, don Guillén, que vuestra carcelera
me hizo don Gastón, porque ha sabido
serlo mío el amor y llama fiera
que en fuego me abrasó, no agradecido
porque os privéis de tanta gente fiera
y pueblo que de vos se ve ofendido,
y os quiere aquí abrasar de enojo ciego,
siendo verdugo un fuego de otro fuego,
   si palabra me dais de ser mi esposo,
puesto que en vos palabras viento sean,
de aqueste trance, fiero y peligroso,
sacaros quiero, porque todos vean
que en mí el amor es noble y generoso,
si el vuestro ingrato, y en piedad se emplean
mis pensamientos, dando en lo que hoy hago
a vuestra ingratitud diverso pago.

Guillén

   Hermosa Petronila, arrepentido
de tantas travesuras como he hecho,
jamás han de borrar tiempo ni olvido
favores nobles de ese hidalgo pecho;
a vuestra voluntad estoy rendido
y de amor tan notable satisfecho.
Ya preso quede, ya me deis la vida,
a vuestro amor desde hoy queda rendida.

Si en mí tiene valor el juramento,
por la cruz que ennoblece aqueste lado,
a quien servir desde hoy humilde intento,
si hasta aquí indignamente la he llevado,
por el cielo y su hermoso firmamento,
por esos ojos, en quien han hallado
mis travesuras fin, mi amor reposo,
de ser, agradecido, vuestro esposo.

Petronila   Pues por este portillo, que secreto
sale al campo y ninguno le ha sabido,
podéis libre salir, y tenga efeto
lo que me habéis jurado y prometido.

Guillén   Si en Montalbán me veo, yo os prometo
de dar orden al punto, agradecido,
al desposorio que a mi amor conviene.

Petronila   Salid, pues; mas ¿qué es esto? Gente viene.

(Sale Gallardo.)

Gallardo   Desátame aquestas manos,
señor, por amor de Dios.
Desatacadme los dos.
¡Lleve el diablo a los villanos!

Guillén   ¿Es tiempo éste de locuras?
¿Qué dices?

Gallardo   ¡Ay!

Guillén   ¿Qué es esto?

Gallardo	Desatadme presto, presto.
Guillén	¿Qué hay, pues?
Gallardo	¡Bravas apreturas Hay, que el ruibarbo me hurga las tripas. ¿Quién vio purgado, señor, jamás atacado?
Guillén	¿Qué tienes?
Gallardo	Estoy de purga. Córtame estas agujetas, o sin ser juez —¡vive Dios!— que me provea en los dos.
Guillén	¿Qué te han hecho?
Gallardo	¡Si me aprietas será fuerza que me afloje!
Petronila	Ya sueltas las manos tienes.
Guillén	¿Cómo de esa suerte vienes?
Gallardo	Cuando menos me congoje este mal, te lo diré. Más tienen de dos mil nudos aquestos lazos cornudos, mas, par Dios, que los corté. Aguarda, que luego vuelvo a contarte lo que pasa.

(Vase.)

Guillén	Agora que el Sol abrasa en no salir me resuelvo.
Petronila	De noche será mejor, no te sientan los villanos.
Guillén	Yo agradeceré a tus manos mi vida, ser y favor.

(Sale Gallardo.)

Gallardo	Ya que aliviado me siento,
	cumpliendo en este discurso,
	señor, con el primer curso
	sin estudiar, va de cuento.
	    Mandó a aquestos villanotes
	don Gastón que se vengasen
	en mí, sin que me sacasen
	sangre; libréme de azotes
	    y toda mutilación;
	mas hallaron un tormento
	Mucho aprieta este argumento,
	voy a darle solución.

(Vase.)

Guillén	Si ha de sentir vuestro hermano que me libréis.
Petronila	Don Guillén: mi hermano me quiere bien, y es tan noble y cortesano, que si los dos nos casamos

será extraño su contento.

(Sale Gallardo.)

Gallardo   Pero hallaron un tormento,
                 aquí pienso que quedamos,
                 para mi daño y su risa,
                              [-arme]
                 y fue purgarme, atacarme...
                 ¡Válgate el diablo por prisa!

(Vase. Sale don Gastón.)

Gastón   A ver hermana del modo
                 que vuestro preso guardáis
                 he venido, y pues estáis
                 con tal cuidado el día todo
                    sin que le perdáis de vista,
                 no por descuido se irá.

Petronila   Preso, hermano mío, está,
                 sin que se queje o resista.
                    En la obligación que os tiene
                 deseoso de pagar
                 en cosa que os ha de dar
                 gusto, y a mí me conviene.

Guillén   Vuestra hermana y mi señora,
                 puesto que es mi carcelera,
                 interceder por mí espera
                 y ser mi procuradora.
                    Y yo, si de este lenguaje
                 usar con ella es razón,
                 con el alma y corazón

126

                    le pagaré el carcelaje.

Gastón   Si yo os veo, don Guillén,
                     con el sosiego que es justo,
                     tendré en eso mucho gusto.

(Sale Maroto con la cabeza torcida.)

Maroto   Cuantos me escuchan y ven
                        se admiran de la postura
                     de mi cabeza trocada.

Gastón   ¿Qué es esto?

Maroto   Una cabezada
                     que hoy me ha dado mi ventura.
                        Como todos ponéis duda
                     en mi grosera simpleza
                     y habéis dado de cabeza,
                     mi cabeza, cual veis, muda,
                        la Dama del Olivar,
                     para que tanto portento
                     hoy os sirva de escarmiento
                     y la vengáis a buscar.
                        Asióme con ambas manos,
                     y como es de barro el hombre,
                     porque este caso os asombre
                     y me deis fe más humanos,
                        de una vuelta que me dio,
                     cual si fuera de tornillo,
                     acá me echó el colodrillo
                     y acá la cara me echó.
                        Dice que esto sea señal
                     de que en el olivo hermoso

os espera, y que un famoso
convento, en fábrica real,
    la labréis allí en que viva,
que su sagrario ha de ser
el olivo, donde a ver
vaya Aragón esta oliva;
    que a los padres Redentores
se entregue la dicha casa,
por ser gente que a Argel pasa
y con divinos fervores
    como olivos frutifican
en la casa de su Dios.
Patrón habéis de ser vos
si este templo la fabrican
    dejando el blasón aquí
eternamente fundado
del renombre que ha ganado
la sangre de Bardají.

Gastón   ¡Caso nuevo!

Petronila   ¡Gran milagro!

Gastón   ¡Virgen santa! Don Gastón
os pide humilde perdón.
Yo desde agora os consagro
    esa casa, que ha de ser
honra de mi descendencia.
No perdamos tal presencia.
Venid don Guillén a ver
    esta nueva maravilla.
Suelto estáis, que no es razón
que nadie quede en prisión.
si está la reina en mi villa.

Guillén	Debidas gracias os doy.
Gastón	A la Virgen se las dad.
Guillén	Pagaré la libertad, Petronila hermosa, hoy con quedar de nuevo preso en el lazo y yugo santo vuestro, si merezco tanto.
Petronila	Mi ventura estriba en eso.

(Sale Gallardo.)

Gallardo	En fin, las manos atadas y la purga en la barriga...
Gastón	¿Qué es esto?
Gallardo	Es cierta fatiga de tripas alborotadas.
Gastón	¡Gallardo! Descolorido estáis. ¿Habraos maltratado esta gente?
Gallardo	Hanme sacado el alma a traición.
Gastón	¿Qué ha sido?
Gallardo	Escarmentar desde hoy más de alcahuetar a ninguno.

Gastón   Pues ¿qué es?

Gallardo   Un mal importuno,
                mal de madre por detrás.
                    Poeta, señor, me he vuelto,
                que en lugar de redondillas
                a pares las seguidillas
                echo, y mucho verso suelto.
                    Que me declare, dirás,
                y así a lo pulido digo
                que vengo por más castigo
                con vómitos por detrás.

Gastón   ¡Buen humor!

Gallardo   El bueno y malo
                he purgado, ¡vive Dios!

Guillén   Sueltos estamos los dos.

Gallardo   Para ti será regalo
                    que, en fin, por tu vida has vuelto;
                mas yo que con tal pasión,
                sin cadenas ni prisión,
                cada momento me suelto.
                    ¿Qué he de hacer? Pero ¿qué es esto?
                ¿Quién la cara os puso ansí?

Maroto   Vamos, señores, de aquí;
                así el cielo me la ha puesto.

Gallardo   En eso nos parecemos
                los dos, sin ser Galalón,

que las caras a traición
y la enfermadad tenemos.

Gastón   Virgen, yo os haré una casa
en que os sirva la Merced.
¡Vos a todos nos la haced!

Guillén   Desde hoy vuestro amor me abrasa,
doña Petronila hermosa,
y dejando travesuras
he de fundar mis venturas
en teneros por esposa.

Gallardo   Yo me holgara si tuviera
la cara atrás como vos,
que de esta suerte, par Dios,
que lo que purgara viera.

(Vanse. Salen los villanos.)

Niso   ¿Mi Laurencia bandolera
después de estar deshonrada?
¿Y no ha de ser castigada
la torpeza infame y fiera
de quien ha sido ocasión
de tanto mal? ¿Esto es bien?
Si no mata a don Guillén
y me venga don Gastón
tendré causa contra él justa.

Ardenio   Don Gastón de Bardají
es noble y cuerdo, y así,
pues de traiciones no gusta,
cumplirá con vuestra queja

como, en fin, nuestro señor.

Niso   No hay satisfación de honor
              si vivo a don Guillén deja;
                  pero, esperad, ¿qué tropel
              de gente es ésta que aquí
              sale? ¿No es don Gastón?

Corbato   Sí,
              y casi todo Estercuel
                  le acompaña.

Niso   ¿A qué vendrán?

Montano   Quizá viene a dar castigo
              al cruel.

Corbato   También lo digo.

Ardenio   Si el señor de Montalbán
                  muere, yo quedo contento.

Niso   Y yo haré que mi Laurencia,
              alegre a nuesa presencia,
              trueque en gozo mi tormento.

(Salen todos los que pudieren.)

Maroto   Éste es el olivo santo
              donde vi la vez primera
              y la segunda a la Virgen
              que me torció la cabeza.
              Aquí la habemos de hallar.

132

Gastón

Hinquemos todos en tierra
las venturosas rodillas,
y con oraciones tiernas
la Salve todos digamos,
porque obligada con ella
nuestra ventura asegure
mostrándonos su presencia.

Petronila

Yo, pues, comienzo la Salve.
Aurora del Sol divino
que a alumbrar el mundo vino
con sus rayos, Dios te salve.

Gastón

Hija del eterno padre,
reina de inmenso poder,
en ti mereció tener
nuestra dicha, reina y madre.

Guillén

A Dios pusiste en concordia
con el hombre rebelado,
porque en ti la espera ha hallado,
Virgen de misericordia.

Maroto

Tú quitaste el amargura
de la fruta triste de Eva,
porque en tu amor goza y prueba
el alma, vida y dulzura.

Petronila

Aunque nuestra culpa muestra
el castigo que temblamos,
seguros contigo estamos,
que eres esperanza nuestra.

Gastón

Por patrona te nombramos;

sin tu favor no podemos
vivir; por luz te tenemos,
madre nuestra, a ti clamamos.

Guillén

Pues de los cielos airados
eres la llave maestra,
haz como en la patria nuestra
te gocen los desterrados.

Maroto

Y, pues eres madre nueva,
de nuestra gracia y perdón
hijos tuyos solo son
los que fueron hijos de Eva.
Sin ti huérfanos estamos,
y como el niño suspira
cuando a su madre no mira,
Señora, a ti suspiramos.

Gastón

Si lágrimas derramando
gana el cielo el que es más fuerte,
tus hijos que están advierte,
Madre, gimiendo y llorando.

Guillén

Sin ti, que de nuestro espanto
eres remedio, ¿qué haremos
los que afligidos nos vemos
en este valle de llanto?

Maroto

Si nuestro consuelo muestra
tu presencia, Virgen bella,
muéstranos tu luz en ella,
ea, pues, abogada nuestra.

Petronila

Alivia nuestros enojos;

134

si en tus ojos la paz vive,
que nuestra vida recibe,
muéstranos esos tus ojos.

Gastón   Que si fueron rigurosos
los de la ira de Dios,
esos tus luceros dos
serán misericordiosos.
    Alegrando nuestro luto
tú que eres árbol de vida,
nos darás con paz cumplida
a Jesús, bendito fruto.

Maroto   Porque cuando nos encuentre
el enemigo cruel,
tendremos remedio en él
por ser fruto de tu vientre.

Petronila   ¡Oh palma, oh ciprés, oh rosa!
Alegra nuestra esperanza,
Luna llena sin mudanza,
¡oh clemente! ¡oh piadosa!

Gastón   ¡Oh aurora de nuestro día!
¡Oh arca del testamento!
¡Oh estrella del firmamento!
¡Oh dulce Virgen María!

Guillén   Con tus favores benignos
y gracia, ruega por nos,
sagrada Madre de Dios,
para que seamos dignos.

Maroto   En el mar que el mundo ha visto,

donde la culpa se embarca,
pues de Noé eres arca
de las promesas de Cristo.

(Aparécese la Virgen, Nuestra Señora.)

Virgen   Hijos, el amor que siempre
he tenido a vuestra tierra,
pues en vida a Zaragoza
ilustré con mi presencia,
me obliga a que mi retrato
os deje, en quien todos tengan
refugio en sus afliciones
y socorro en sus miserias.
Labradme en este olivar
un monasterio e iglesia
que mis hijos Redentores
dichosamente posean,
y haciendo el altar mayor
en esta parte, por prueba
de que soy paloma pura
que el ramo de oliva lleva,
en este olivo tendré
mi sagrario, sin que vean
que sus hojas saludables
eternamente estén secas.
Sanarán enfermos tristes
de enfermedades diversas
con las hojas de este olivo
poniendo mi gracia en ellas.
Y el pastor que descubrió
esta maravilla inmensa

(Vuélvesele la cara adelante.)

y ya por mi favor tiene
en su lugar la cabeza,
sirviéndome en esta casa,
trocará campos y ovejas
por la oveja que dio al hombre
el Agnus que Juan enseña.
Hónrate de aquí adelante
a los patrones que heredan
esta villa y devoción
con hazañas y nobleza.
Hijos, mi imagen os dejo.
Reverenciándome en ella,
La Dama del Olivar
ilustra la patria vuestra.

(Encúbrese.)

Gastón   ¡Oh, hermosura del Carmelo!

Petronila   ¡Oh, luz de nuestras tinieblas!

Guillén   ¡Oh, salud de nuestros males!

Maroto   ¡Oh, en fin, paz de nuestra guerra!

Gastón   Yo emplearé en vuestro servicio
                aquí mi vida y hacienda,
                que buen mayorazgo en vos
                a mi sucesión le queda.

Maroto   ¡No sé cómo ya no tengo,
                señor, la cabeza tuerta!
                Desde hoy pastor de la Virgen

he de ser, y mi esposa ella.

(Sale Laurencia.)

Laurencia   ¿Qué luz es la que ha alumbrado
mi alma, que loca y ciega
en desatinos vivió?

Gastón   ¿Qué es aquesto?

Niso   Mi Laurencia.

Laurencia   Una voz de este olivar,
entre estas ocultas sierras
donde el agravio, me hizo,
de don Guillén, bandolera,
me llamó, y viniendo
aquí con la virginal presencia
de esta señora divina,
mis vicios dan hoy la vuelta.
Yo os consagro, insigne imagen
mi vida, y desde hoy ordena,
si en pecados la imité
en virtud ser Magdalena.

Gallardo   Yo vengo tan bien purgado,
que ningún mal humor queda
en mi cuerpo ni en mi alma.
Gallardo, Virgen inmensa,
será vuestro motilón;
y si me dan la despensa,
seré un santo despensero,
si es posible que esto sea.

Gastón	Partamos a Zaragoza,
	y al general que gobierna
	la Orden de la Merced,
	Pedro Nolasco, que es piedra
	divina de este edificio,
	convidaremos que venga
	a tomar la posesión
	de esta Virgen pura y bella;
	y labrándose al momento
	fábrica que permanezca
	en honra de nuestra sangre
	la piedad aragonesa
	tendrá un santuario más.
Guillén	Y yo, Petronila bella,
	siendo esposo vuestro,
	doy al cielo firmes promesas
	de enmendar mis travesuras.
Gastón	La imagen divina es ésta
	y Dama del Olivar.
	Perdonad las faltas nuestras.

Fin de la comedia

Libros a la carta

A la carta es un servicio especializado para
empresas,
librerías,
bibliotecas,
editoriales
y centros de enseñanza;
y permite confeccionar libros que, por su formato y concepción, sirven a los propósitos más específicos de estas instituciones.

Las empresas nos encargan ediciones personalizadas para marketing editorial o para regalos institucionales. Y los interesados solicitan, a título personal, ediciones antiguas, o no disponibles en el mercado; y las acompañan con notas y comentarios críticos.

Las ediciones tienen como apoyo un libro de estilo con todo tipo de referencias sobre los criterios de tratamiento tipográfico aplicados a nuestros libros que puede ser consultado en Linkgua-ediciones.com.

Linkgua edita por encargo diferentes versiones de una misma obra con distintos tratamientos ortotipográficos (actualizaciones de carácter divulgativo de un clásico, o versiones estrictamente fieles a la edición original de referencia).

Este servicio de ediciones a la carta le permitirá, si usted se dedica a la enseñanza, tener una forma de hacer pública su interpretación de un texto y, sobre una versión digitalizada «base», usted podrá introducir interpretaciones del texto fuente. Es un tópico que los profesores denuncien en clase los desmanes de una edición, o vayan comentando errores de interpretación de un texto y esta es una solución útil a esa necesidad del mundo académico.

Asimismo publicamos de manera sistemática, en un mismo catálogo, tesis doctorales y actas de congresos académicos, que son distribuidas a través de nuestra Web.

El servicio de «libros a la carta» funciona de dos formas.

1. Tenemos un fondo de libros digitalizados que usted puede personalizar en tiradas de al menos cinco ejemplares. Estas personalizaciones pueden ser de todo tipo: añadir notas de clase para uso de un grupo de estudiantes, introducir logos corporativos para uso con fines de marketing empresarial, etc. etc.

2. Buscamos libros descatalogados de otras editoriales y los reeditamos en tiradas cortas a petición de un cliente.

www.ingramcontent.com/pod-product-compliance
Lightning Source LLC
La Vergne TN
LVHW091221080426
835509LV00009B/1114